首都圏版③ **最新入試に対応！　家庭学習に最適の問題集!!**

暁星小学校

2025年度版 過去問題集

2022〜2024年度 実施試験 計3年分収録

問題集の効果的な使い方

①学習を始める前に、まずは保護者の方が「入試問題」の傾向や、どの程度難しいか把握をします。すべての「アドバイス」にも目を通してください。
②各分野の学習を先に行い、基礎学力を養いましょう！
③力が付いてきたら「過去問題」にチャレンジ！
④お子さまの得意・苦手がわかったら、その分野の学習を進め、全体的なレベルアップを図りましょう！

厳選！ 合格必携 問題集セット

記　憶	お話の記憶 中級編・上級編
言　語	Jr. ウォッチャー ⑰「言葉の音遊び」
記　憶	Jr. ウォッチャー ⑳「見る記憶・聴く記憶」
図　形	Jr. ウォッチャー ㊺「図形分割」
常　識	Jr. ウォッチャー ㊻「マナーとルール」

日本学習図書（ニチガク）

目指せ！合格！

家庭学習ガイド
暁星小学校

ペーパー　行動観察　口頭試問　制作　運動　保護者面接

入試情報

応募者数：544名
出題形態：ペーパー（1次）・ノンペーパー（2次）
保護者面接：あり※2次試験で実施
出題領域：記憶、図形、数量、推理、言語、常識、口頭試問、制作、運動、行動観察

入試対策

「難度の高い問題が短時間のうちに出題される」というのが当校の1次試験（ペーパーテスト）の特徴です。この1次試験を突破するためには、ふだんの学習から指示を正確に理解した上で、時間を意識し、ケアレスミスもなくしていかなければなりません。図形を中心に基礎的な問題をできるだけ多く解き、正確さとスピードを身に付けた上で、ひねった問題や複合的な問題に対応する練習へと進みましょう。
2次試験では、例年、巧緻性テスト、行動観察が出題されます。いずれも集団生活に対する順応性を評価するための問題です。

●2024年度の入試では志願者の面接はなく、保護者面接のみが行われました。

●制作や運動では、個人の観察と、集団で行われる行動観察がありました。

●「図形」分野の問題には難しいものが見られます。過去に出題された問題以外にも、できるだけ多くの問題に取り組みましょう。

●2次試験の行動観察は、各8名程のグループで実施されました（生年月日順に赤・青・黄・緑の名前が付けられる）。課題によって2グループごと、個別のグループごとに、変更しているようです。課題に取り組む順番も、グループによって異なる場合があります。

●運動では、指示を正確に聞き取り、周りの行動に流されないことも重要です。取り組む姿勢、待機中の態度も観られますので注意しましょう。

〈合格のためのアドバイス〉

当校は、首都圏でも有数の難関校です。入学試験は２段階選抜を採用しており、１次試験のペーパーテストに合格しなければ２次試験に進むことができません。そのため、ペーパーテスト対策が重要になります。

2024年度もペーパーテストの時間は例年通り30分間で、サイズはＢ４でした。内容はもちろん、短時間で数多くの問題を解かなければならず「難しい入試」といえるでしょう。

対応策としては、本番と同じ時間で解くことに慣れておくことが大切です。例えば、ご家庭での学習時間を30分に設定し、その後は休憩を挟むといった工夫をしてみるとよいでしょう。

毎年、出題される分野は、**お話の記憶**と**図形**です。お話の記憶は、長めの文章が読まれ、選択肢には一部、ストーリーと関係のない問題が出題されたこともあります。落ち着いて注意深く聞き、解答する練習を重ねてください。

図形の問題では、「回転・展開」や「重ね図形」など幅広い種類の問題が出題されています。応用力が必要な問題も多いので、問題集などを活用して様々な問題に対応できるようにしましょう。

運動テストでは、さまざまな運動能力を試す課題が出されています。お手本の中では、複数の指示があるので、聞き漏らしがないようにしましょう。出来不出来に関係なく、難しい運動でも一生懸命に挑戦し、あきらめずに最後まで取り組むようにしましょう。そうした姿勢も評価の対象になっています。

面接試験は、２次考査当日に行われます。2024年度入試（2023年実施）では保護者のみの面接が行われました（志願者面接はなし）。両親ともに面接に臨まれた方が多かったようです。その他、保護者に作文300字の提出が求められます。願書等の提出物に不備があった場合は減点になるとの説明があったようですので、気を付けてください。

〈2024年度選考〉

〈１次試験〉
- ◆ペーパーテスト（約30分）

〈２次試験（１次試験合格者のみ）〉
- ◆保護者面接（２次試験当日に実施）
- ◆行動観察
- ◆制作（個人・集団）
- ◆口頭試問
- ◆運動テスト（集団）

◇過去の応募状況

2024年度	男子	544名
2023年度	男子	590名
2022年度	男子	563名

入試のチェックポイント

◇受験番号は…「生年月日順」
◇生まれ月の考慮…「なし」

暁星小学校

過去問題集

〈はじめに〉

現在、少子化が叫ばれているにもかかわらず、私立・国立小学校の入学試験には一定の応募者があります。入試は、ただやみくもに学習するだけでは成果を得ることはできません。志望校の過去における出題傾向を研究・把握した上で、練習を進めていくこと、試験までに志願者の不得意分野を克服していくことが必須条件です。そこで、本問題集は小学校を受験される方々に、志望校の出題傾向をより詳しく知って頂くために、出題頻度の高い問題を結集いたしました。最新のデータを含む精選された過去問題集で実力をお付けください。

また、志望校の選択には弊社発行の「**2025年度版　首都圏・東日本　国立・私立小学校　進学のてびき**」をぜひ参考になさってください。

本書ご使用方法〉

◆出題者は出題前に一度問題を通読し、出題内容などを把握した上で、〈 準 備 〉の欄に表記してあるものを用意してから始めてください。

◆お子さまに絵の頁を渡し、出題者が問題文を読む形式で出題してください。問題を読んだ後で、絵の頁を渡す問題もありますのでご注意ください。

◆「**分野**」は、問題の分野を表しています。弊社の問題集の分野に対応していますので、復習の際の目安にお役立てください。

◆一部の描画や工作、常識等の問題については、解答が省略されているものがあります。お子さまの答えが成り立つか、出題者が各自でご判断ください。

◆〈 時 間 〉につきましては、目安とお考えください。

◆本文右端の［**〇年度**］は、問題の出題年度です。［**2024年度**］は、「2023年の秋に行われた2024年度入学志望者向けの考査で出題された問題」という意味です。

◆**学習のポイント**は、指導の際にご参考にしてください。

◆【**おすすめ問題集**】は各問題の基礎力養成や実力アップにご使用ください。

〈本書ご使用にあたっての注意点〉

◆文中に **この問題の絵は縦に使用してください。** と記載してある問題の絵は縦にしてお使いください。

◆〈 準 備 〉の欄で、クレヨン・クーピーペンと表記してある場合は12色程度のものを、画用紙と表記してある場合は白い画用紙をご用意ください。

◆文中に **この問題の絵はありません。** と記載してある問題には絵の頁がありませんので、ご注意ください。なお、問題の絵の右上にある番号が連番でなくても、中央下の頁番号が連番の場合は落丁ではありません。

下記一覧表の●が付いている問題は絵がありません。

問題1	問題2	問題3	問題4	問題5	問題6	問題7	問題8	問題9	問題10
問題11	問題12	問題13	問題14	問題15	問題16	問題17	問題18	問題19	問題20
		●				●	●		
問題21	問題22	問題23	問題24	問題25	問題26	問題27	問題28	問題29	問題30
問題31	問題32	問題33	問題34	問題35	問題36	問題37	問題38	問題39	問題40
			●			●	●	●	●
問題41	問題42	問題43	問題44	問題45	問題46	問題47	問題48	問題49	問題50
									●
問題51	問題52	問題53	問題54						
●	●	●	●						

㊢ 先輩ママたちの声！

◆実際に受験をされた方からのアドバイスです。
ぜひ参考にしてください。

暁星小学校

・ペーパーはスピード重視なので、スピードトレーニングはかなりやりました。イメージより難問は出ないので、瞬時に回答が出せると合格に近づけると思います。

・時間厳守とありましたが、他校受験のため３分遅刻してしまいました。
受験はできましたが、不合格でした。

・１次試験の控え室では、長椅子に詰めて座るので、ついお隣の方と話したくなりますが、折り紙やあやとりなどをやらせて集中力を保つようにしました。しーんとしているわけではないので、本を読んであげてもよいと思います。２次試験の受付は玄関ホールで、張り詰めた雰囲気でした。あまり早く行かない方がよいと思いました。

・すべてにおいて、さすが暁星という感じで、試験の流れや時間、移動等とてもしっかりしていました。

・ペーパーテスト重視の学校ですが、最終的には応用力（状況に応じて考える、推理するなど）の有無が合否を分けるのではないかと思います。ペーパーテストは、毎日の積み重ねが大切ですが、机上の勉強だけでなく、ふだんの生活や遊びの中にも役立つことがたくさんあると思いました。

・勉強だけではなく、１人の人間として豊かな経験を積んだ幅のある子どもが選ばれていると思います。

・ペーパーの枚数が多かったです。問題は簡単ですが、スピードと正確さが求められるので、最後の最後まで親子で継続して取り組むことが大切です。当日は本を持参したほうがよいと思います。

・問題の出題は、録音で「始めましょう」「やめましょう」の合図でしたので、慣れておくとよいと思います。

・子どもはビブス、保護者はネームプレートをつけて移動。保護者は校庭で待機しましたが、外出も可能でした。

・一次試験も二次試験も、保護者はグラウンドで待機なので、寒暖差
に対応できるような用意と、水分を持参したほうがよいと思います。

◎学習効果を上げるため、前掲の「家庭学習ガイド」及び「合格のためのアドバイス」をお読みになり、各校が実施する入試の出題傾向を、よく把握した上で問題に取り組んでください。
※冒頭の「本書のご使用方法」「ご使用にあたっての注意点」も併せてご覧ください。

2024年度の最新入試問題

問題1　分野：お話の記憶（テープによる音声）

〈準備〉　クーピーペン（赤）

〈問題〉　お話を聞いて後の質問に答えてください。

たろう君は良い天気の日、部屋から花壇を眺めていました。何も植えていない花壇の隣には大きな木があります。たろう君はこの花壇に何を植えたらよいか考えます。チューリップを植えたらきれいかな、ヒマワリを植えたら夏には大きな花が咲くかな、そうしたらこの花壇を見た人は元気になるかな。そんなことを考えていると、たろう君はなんだか、出かけたい気分になってきたので公園へ行くことにしました。公園に着くと、ちっちゃな男の子と女の子がかけっこをしていました。たろう君はあまり走るのが得意ではないので、「いいな、僕もあんな風に走ることができたらな」と思いました。たろう君が家に帰ると、花壇の隣の木に風船が一つ引っかかっていました。風船はたろう君の頭と同じくらいの大きさで、紐とその先には小さな袋がついています。たろう君は引っかかっていた風船を取って、部屋に持ち帰りました。たろう君は風船に顔を描いて、「フウタ」と名前をつけて、遊びました。遊び疲れたたろう君は、風船の紐を握りしめたまま眠ってしまいました。すると、誰かの声が聞こえてきて、たろう君は目を覚ましました。目をこすりながら、周りを見回すと、風船のフウタが笑いながら「たろう君、一緒に遊ぼうよ」と話しかけてきました。たろう君はとても驚きましたが、「いいよ」と喜んで返事をしました。たろう君とフウタは２人で外に出て、追いかけっこをしました。最初はたろう君が逃げて、フウタが追いかけました。次に、フウタが逃げて、たろう君が追いかけました。たろう君が一生懸命に走って、フウタを捕まえると「たろう君は走るのが上手だね」とフウタから褒められました。たろう君がフウタの紐を握っていると、フウタは「そのまま、しっかり握ってて」と言いました。たろう君がぎゅっと手に力をこめると、フウタは大きく息を吸ってみるみるうちに、たろう君と同じくらいの大きさにまで膨らみました。すると、たろう君の体は地面を離れていき、どんどん空にのぼっていきます。たろう君はびっくりすると同時にとても嬉しくなって、「すごい、僕、空を飛んでるよ、僕のおうちもあんなに小さくなってる」と喜びました。フウタは「たろう君が喜んでくれてよかったよ、ぷかぷか浮かぶのも楽しいでしょう」と言って空の散歩を一緒に楽しみました。しばらくすると、フウタは少しずつ小さくなって、地面も少しずつ近づき、元の大きさになったフウタと、たろう君は家に帰りました。部屋に着くと、たろう君は「本当に楽しかった、また一緒に遊んでね」と言って、そのまま眠りについてしまいました。次の日、たろう君が目を覚ますとフウタはしぼんでいました。とても残念な気持ちになったたろう君は、庭にフウタを埋めて、毎日、水をかけていると、ある日、庭一面にきれいな花が咲きました。

（問題１の絵を渡す）
①このお話と同じ天気の絵に○をつけてください。
②木に引っかかっていた風船を選んで、正しいものに○をつけてください。
③それぞれの絵を物語の順番に並べたとき、３番目になる絵に○をつけてください。
④物語の最後たろう君はどんな顔になっていたでしょうか、○をつけてください。

〈時　間〉　各15秒

〈解　答〉　①左端　②左から２番目　③右端　④右から２番目

アドバイス

このお話の特徴は、現実から夢の中、そしてまた現実と場面の切り替えが多いこと、また、主人公の感情を答えるといった問題があることです。場面の切り替えが多いためしっかりとイメージをしながら物語を聞くということが大切です。また、お子さまが夢と現実のどの場面まで記憶をすることができていたかも、意識を向けることが大切です。具体的には、「その続きはどうなったかな」というような質問を繰り返して、物語全体をどの程度、覚えているかを確認しましょう。読み聞かせをする際、覚えることができた文量より少し多い文量の物語を選んで読み聞かせを行うと、お子さまのレベルにあった学習になります。表情の問題はコロナ禍の影響があってか、顔全体を見る体験が少なくなったこと、さらに人との関わりが少なくなったことで、苦手なお子さまが多いと言われています。読み聞かせの時には、「○○ちゃんだったら、どんな気持ちになる？」というように登場人物に感情移入させてみる質問をすることも有効です。

【おすすめ問題集】
１話５分の読み聞かせお話集①②、
お話の記憶問題集　初級・中級・上級、Ｊｒ・ウォッチャー19「お話の記憶」

問題２　分野：見る記憶

〈準　備〉　クーピーペン（赤）

〈問　題〉　（2-1の絵を渡す）絵を見て覚えましょう。（20秒）
①なわとびをしている人は何人いましたか、その数だけ○を書いてください。
②誰も使っていなかった遊具に○をつけてください。
③絵に載っていた犬はどれですか、正しいものに○をつけてください。
④絵に載っていなかったものに○をつけてください。

〈時　間〉　各15秒

〈解　答〉　①○：２　②左から２番目　③右から２番目　④左端

アドバイス

見る記憶の問題ですが、覚える内容が多く、記憶時間も短いため、難問の部類に入ります。また、問題を見ると、描かれてある絵の細部まで問われていることから、漠然と記憶するだけでは対応ができません。しかし、記憶する力（聞く記憶・見る記憶共）を短時間で伸ばす方法はありません。毎日、少しずつ取り組んでいくことで少しずつ力が付いてきます。大切なことは、お子さまのできる範囲がどのレベルかを正確に把握することです。学習時には、その力より少し情報量が多いものを使用することをおすすめ致します。少しずつ情報量を多くしたり、同じ情報量のものでも記憶する時間を短くするなど工夫をして、お子さまの記憶力アップに努めてください。見る記憶が苦手なお子さまの場合、好きなキャラクターを用いるなどして、意欲的に学習できる環境を作ることも工夫になります。このほか、よく言われている方法として、神経衰弱がよいと言われています。どちらも、楽しみながらすることが大切ですから、その点を忘れないようにしてください。

【おすすめ問題集】

Ｊｒ・ウォッチャー20「見る記憶・聴く記憶」、ウォッチャーズ　アレンジ問題集４
基礎力アップトレーニングシリーズ１　聞く力・記憶力アップ

問題３　分野：置き換え

〈準備〉　クーピーペン（赤）

〈問題〉　太陽は星３つと同じ重さで、月は星２つと同じ重さです。この時に、左の四角と同じ重さになるのはどれですか、正しいものを右から選び○をつけてください。

〈時間〉　45秒

〈解答〉　下図参照

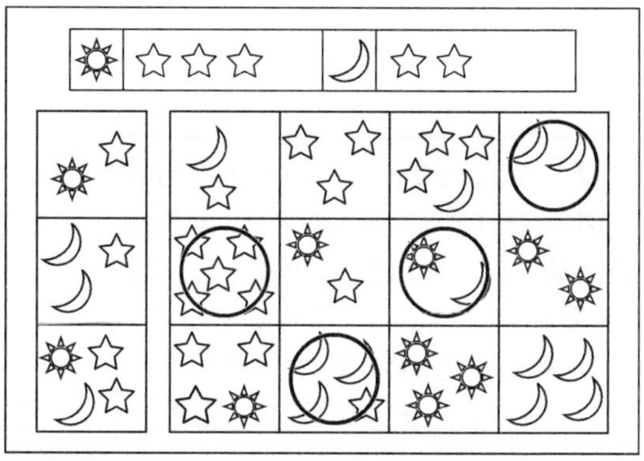

アドバイス

本問の考え方は、シーソーの釣り合いの問題と同じような思考過程を経て解答を導き出すことができます。その点について、お子さまは気がついたか確認をしましょう。小学校受験の問題を解く際、この問題のように、別問題の解き方が応用できることが多々あります。保護者の方はこのことを把握しておくことで、お子さまの力を効率よく伸ばすことができます。この問題のポイントは２問目です。この問題だけ、解答が２つありますが、お子さまはどちらも答えられることができたでしょうか。１つ解答が見つかったからと考えるのを途中でやめ、次の問題に移っていませんでしたか。合格を勝ち取るには、このような問題を確実に正解しておくことが求められます。問題は最後までしっかりと考え、時間がある限り見直しをする習慣を修得しましょう。そのためには、問題に書いてある解答時間はしっかりと守ってください。できたから次の問題に進みますと、見直しの時間が奪われてしまいます。このようなことも意識して取り組んでみてください。

【おすすめ問題集】

Ｊｒ・ウォッチャー33「シーソー」、37「選んで数える」、41「数の構成」、57「置き換え」

問題４　分野：図形

〈準備〉　クーピーペン（赤）

〈問題〉　左の四角に描いてる形を組み合わせてできるものはどれですか、右の四角の中から正しいものに○をつけてください。ただし、左の形をひっくり返したり、重ね合わせて使うことはできません。

〈時間〉　２分

〈解答〉　①左から２番目　②左端　③左から２番目　④右端

アドバイス

①の問題に着眼をしてください。シンプルな形のため、お子さまも考えやすい問題だと思います。この問題を解く際、お子さまはどのように考えたでしょうか。この問題で試行錯誤ができていれば、他の問題は問題量を重ねていくことで解けるようになります。図形の問題で大切なことは、頭の中で図形を操作することができることです。ただ、この操作ができるようになるためには、具体物を操作した量が関わってきます。そこで、おすすめするのが、答え合わせをお子さま自身で行わせる方法です。あらかじめ問題をコピーしておきます。その後、問題を解き終えたら、コピーした用紙の左の形を切り取り、右の選択肢の形の上において検証していく方法です。実際に操作することで回転した時の形の変化や、頭の中で操作をする際の手順などを修得することができます。一見すると時間がかかる方法ですが、理解度に関しては確実にアップします。理解できたら類似問題を解いて力を伸ばしていきましょう。

【おすすめ問題集】

分野別 苦手克服問題集 図形編

Ｊｒ・ウォッチャー3「パズル」、5「回転・展開」、9「合成」、45「図形分割」

問題5　分野：常識（昔話・言語）

〈準 備〉　クーピーペン（赤）

〈問 題〉　①桃太郎に登場しない生き物はどれですか、○をつけてください。
②動物の名前が入っていないものに○をつけてください。
③最初から２番目の音で次の言葉が始まるようにしりとりをした時、使わなかった絵はどれですか、○をつけてください。
④名前の最後の音が違うものはどれですか、○をつけてください。

〈時 間〉　各15秒

〈解 答〉　①右から２番目　②右端　③左から２番目　④右端

アドバイス

本問からも見て取れるように、言語問題には様々なバリエーションの問題があります。それらに共通していえることは、解くためにはある程度の語彙が必要になることです。語彙を増やすには、問題を解いたり、知育玩具を使うといった方法がありますが、基本は生活における会話が重要です。会話の中で学んでいくことで、言葉の意味だけではなく、使い方や場面による使い分けも学べるからです。
また、①のように昔話の知識が問われるものはお子さまがお話全体を把握しているか確認してみるとよいでしょう。受験の対策のためだけに、有名な場面とタイトルだけ記憶するという学習もありますがあまりおすすめできません。どのような出題がされても対応できるように読み聞かせを通じて物語を学ぶことが重要です。

【おすすめ問題集】
1話5分の読み聞かせお話集①②、分野別 苦手克服問題集 常識編、
Ｊｒ・ウォッチャー17「言葉の音遊び」、18「色々な言葉」
49「しりとり」、60「言葉の音」

家庭学習のコツ①　「先輩ママたちの声！」を読みましょう！

本書冒頭の「先輩ママたちの声！」には、実際に試験を経験された方の貴重なお話が掲載されています。対策学習への取り組み方だけでなく、試験場の雰囲気や会場での過ごし方、お子さまの健康管理、家庭学習の方法など、さまざまなことがらについてのアドバイスもあります。先輩ママの体験談、アドバイスに学び、ステップアップを図りましょう！

問題6　分野：数量（等分配）

〈準備〉　クーピーペン（赤）

〈問題〉　下のお皿に乗っている食べ物を、上に描いてある動物で同じ数ずつ分けた時、余りがでるお皿はどれですか、○をつけてください。

〈時間〉　1分

〈解答〉　下図参考

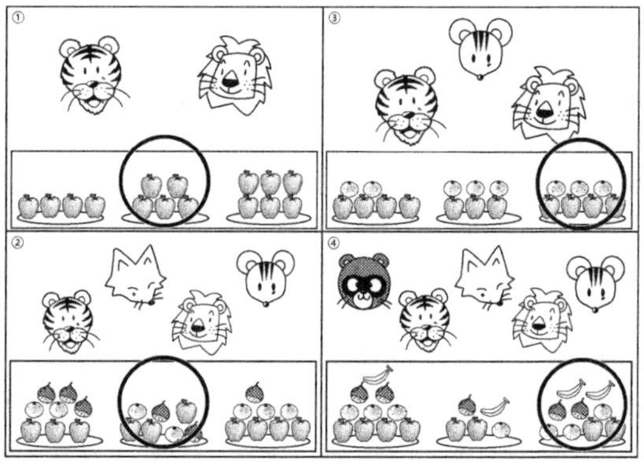

アドバイス

この問題は、問題文を理解していれば、絵に惑われず解答することができたと思います。小学校入試では、解ける力を修得しているのに、絵に惑わされて力が発揮できなかったということはよくあることです。お子さまは、出題形式や絵の向きが変わるだけでも、新しい問題と身構えてしまうことがよくあります。同じように、問題文の言い回しが変わっただけでも同じことが生じます。それらのことを回避するためには、色々な出題形式の問題に触れておくことです。また、問題文の理解はこの問題に限らず全体を通して必要な力です。特に近年、お子さまの聞く力、理解力が落ちているといわれています。この力は、小学校に入学してからの学力に大きく影響します。そのことを視野に入れ、言葉の理解はしっかりと身に付けておくことを強くおすすめします。この問題は問題文を理解できれば、後は簡単な分配の問題ですから、難なく解くことができるでしょう。そして、当校の入試問題の難易度を考慮すると、こうした問題でしっかりと得点できるようにしましょう。

【おすすめ問題集】

Ｊｒ・ウォッチャー40「数を分ける」、41「数の構成」
分野別 苦手克服問題集 数量編

問題7　分野：推理

〈準備〉　クーピーペン（赤）

〈問題〉　①△のところから、右に２つ、下に１つ、進んだマスに○をつけてください。
②♡のところから、左に２つ、上に２つ、下に３つ、右に４つ進んだマスに○をつけてください。
③☆のところから、下に１つ、左に４つ、上に３つ進んだマスに○をつけてください。
④◎のところから、右に５つ、下に３つ、左に１つ、上に２つ進んだマスに○をつけてください。

〈時間〉　各20秒

〈解答〉　下図参照

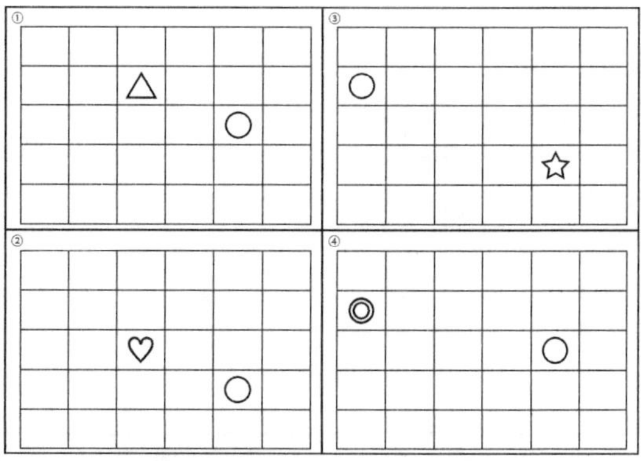

アドバイス

指示をしっかりと覚えて置くこと、指示に従ってしっかりとマス目を追っていくという２つの力が求められます。また、問題そのものは短文ですが、一つでも聞き落としてしまうと、正解にたどり着くことはできません。また、問題を連続して解いていくには、集中力も必要になります。特に、この問題はペーパーテストの後半に差し掛かってきたところで出題されています。ペーパーテストは、集中力が得点に大きく影響しますから、その点も注視しておいてください。集中力が切れてくると、問題に対して意欲的に取り組めなくなります。その見極めも大切な対策の一つになります。学習をする上で、分からない問題でも最後まで考える習慣はしっかりと身につけておきましょう。
また、試験当日までに本番と同じ時間感覚で解くことに慣れておくと、集中力の維持にもつながります。試験さながらに問題を解いてみるという練習をすることをおすすめします。

【おすすめ問題集】
Ｊｒ・ウォッチャー2「座標」、31「推理思考」、47「座標の移動」

問題8　分野：推理

〈準　備〉　クーピーペン（赤）

〈問　題〉　上の四角を見てください、それぞれの動物が1回に進めるマスの数が描いてあります。では、向かい合っている動物はどのマスで出会うことになりますか、そのマスに○を書いてください。

〈時　間〉　45秒

〈解　答〉　下図参照

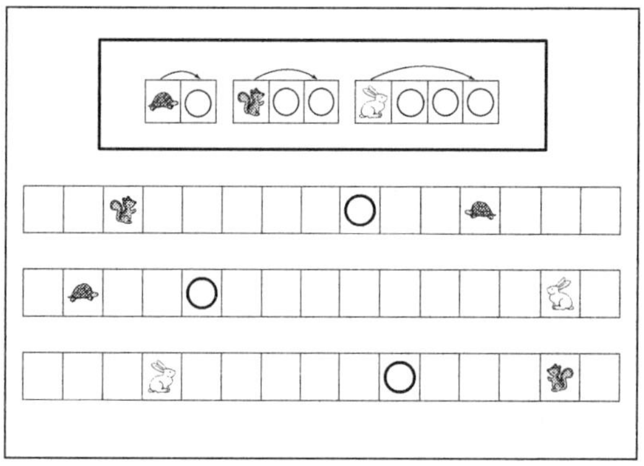

アドバイス

解けなかった場合は１回動くごとに２匹の動物がそれぞれどの位置にくるのか、確かめながら復習しましょう。おはじきやリバーシのコマなどをずらしながら、確認すると一目で正解が分かります。問題のルールを理解してしまえば、あとは約束通り動かせばいいだけで、処理スピードの問題になります。お子さまと復習するときは、間にあるマスは何マスか、それぞれの動物は何マスずつ進むのか、細かく分けて考えましょう。そのようにすることで、混乱せずに解答できるはずです。
理解をし、やり方を固め、類似問題を解いていくことで、解答までに要する時間は更に短縮されますから、練習を重ねていきましょう。

【おすすめ問題集】
　Ｊｒ・ウォッチャー31「推理思考」

問題9　分野：常識

〈準 備〉　クーピーペン（赤）

〈問 題〉　①正しい置き方はどれですか、○をつけてください。
②正しい絵はどれですか、○をつけてください。
③緑で、細長く、斜めに切ると少し大きく見えるものはどれですか、○をつけてください。
④次のお話を聞いた後で、質問に答えてください。
サルはネズミよりも高い、リスはクマよりも低い、リスとネズミではリスの方が低い、クマはサルよりも高い。
では3番目に高い動物はどれですか、○をつけてください。

〈時 間〉　各15秒

〈解 答〉　①右から2番目　②左端　③左から2番目　④右から2番目

アドバイス

①②③を見ると、どれも生活に根ざしたものが問題になっています。特に、食器や影の向きに関しては、毎日、見ることができます。普段の生活の中で、身の回りのことに興味も持っているかが常識問題を解く鍵となってきます。ぜひ、身の回りのことに興味を持つ習慣をつけるとよいでしょう。また、取り出しやすいところに図鑑など置いておくと便利です。常識問題では、このほかにも季節や料理など幅広く出題されますが、日常生活から逸脱した問題がでることはありません。ですから、日常と勉強を分けるのではなく、日常の中に学習の機会を見つけて知識を積み上げていきましょう。④は短いですが、順番を頭の中で整理しなければいけません。読み上げられた文章を記憶し、高低の順にできなければ解くことはできません。その観点からいえば、この問題は集中力と聞く力・記憶力を要する問題と言えるでしょう。

【おすすめ問題集】
分野別 苦手克服問題集 常識編
Ｊｒ・ウォッチャー12「日常生活」

家庭学習のコツ②　「家庭学習ガイド」はママの味方！

問題演習を始める前に、試験の概要をまとめた「家庭学習ガイド（本書カラーページに掲載）」を読みましょう。「家庭学習ガイド」には、応募者数や試験課目の詳細のほか、学習を進める上で重要な情報が掲載されています。それらの情報で入試の傾向をつかみ、学習の方針を立ててから、対策学習を始めてください。

問題10　分野：数量

〈準　備〉　クーピーペン（赤）

〈問　題〉　左の絵のように、四角の中に◎と☆があります。２つの四角の中のものを合わせたものはどれですか、○をつけてください。

〈時　間〉　各20秒

〈解　答〉　下図参照

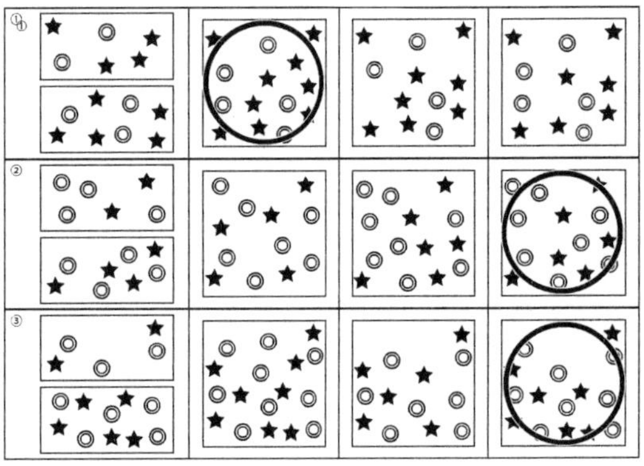

アドバイス

左のマスは上下２段になっていますが、これを別々に数えるのではなく、一緒に数えると数え間違いを防ぐことができ、時間も短縮できます。こうした問題を落としてしてまうと他の受験者と差がついてしまうのでしっかりと正答できるようにしておきましょう。ただ、注意点としてはこの問題は解答時間が比較的短いので、素早く正確に数を数える力が求められています。この場合、選択肢が３つだけなのであきらかに数の違うのもは最初に除いてしまって、２つの選択肢の中から数えるという方法を使えば、大幅に時間が短縮できます。問題を解いていき、ある程度の慣れが出てきたら、自分なりに早く解く方法などを探してみましょう。

【おすすめ問題集】

Ｊｒ・ウォッチャー38・39「たし算・ひき算①②」、40「数を分ける」

分野別 苦手克服問題集 数量編

問題11　分野：お話の記憶

〈準 備〉　クーピーペン（赤）

〈問 題〉　お話を聞いて後の質問に答えてください。
お話の最中は、胸の前で、両手の指を組んで、お祈りのポーズで話を聞いてください。

マリア様がイエス様を産み、イエス様にお話をしました。
「神様は普段、目には見えません。しかし、いつもお空から見守ってくださっています。一緒に井戸から水を汲むことはできないけれど、小鳥や花を大切に思い、空から太陽の光を与えてくださり、雨も降らせてくださるのです。神様は悪いことをした人のことも信じ、その人がこれから正しい行いができるようお祈りしてくれています。そして、神様は草や花も大切に思っていますが、何よりもあなたたちのことを大切に思ってくださっています。ですから、あなたもお友だちに意地悪をしたり、お友だちの悪口を言ったりしてはいけません」
これを聞いたイエス様は天にいる神様のことをみんなに伝えたいなと思いました。そして、いろいろな国に出かけていき、「みんながお互いを大切に思いやりましょう」とお話されました。

お話に出てきたものに○をつけてください。

〈時 間〉　40秒

〈解 答〉　下図参照

アドバイス

この問題が普通のお話の記憶と異なる点は、最初に、聞くときの姿勢が指定されていることです。そのことから、姿勢を崩さずに聞くことができたかも観られていたと考えるべきでしょう。言われたことをそのまま実践する力は行動観察や制作でも求められるものですから、身に付けておきたい力です。
そのためには日常生活で言うことが聞けるかということが重要になります。特に、試験当日はお子さまも緊張状態にあることが予想できます。そのような状態だと、気をつけていたとしても自然と普段から習慣になっている態度が出てしまいます。普段の姿勢が試験当日にでてもいいように、日常生活から言われたことを守れるようにしましょう。

【おすすめ問題集】
1話5分の読み聞かせお話集①②、
お話の記憶問題集　初級・中級・上級、
Ｊｒ・ウォッチャー19「お話の記憶」、29「行動観察」

問題12　分野：推理

〈準 備〉　クーピーペン（赤）

〈問 題〉　（お手本です）絵を見てください。犬が上に１つ、右に２つ動いたところに小屋があります。では、犬が通った道に線を書き、小屋がある場所に○をつけてください。
（練習です、一緒にやってみましょう）
犬が上に２つ、左に１つ動いたところに小屋があります。では、犬が通った道に線を書き、小屋がある場所に○をつけてください。
①（本番です）
犬が上に２つ、左に１つ、上に１つ、右に３つ動いたところに小屋があります。では、犬が通った道に線を書き、小屋がある場所に○をつけてください。
②犬が上に４つ、右に２つ、下に２つ、左に４つ動いたところに小屋があります。では、犬が通った道に線を書き、小屋がある場所に○をつけてください。

〈時 間〉　15秒

〈解 答〉　下図参照

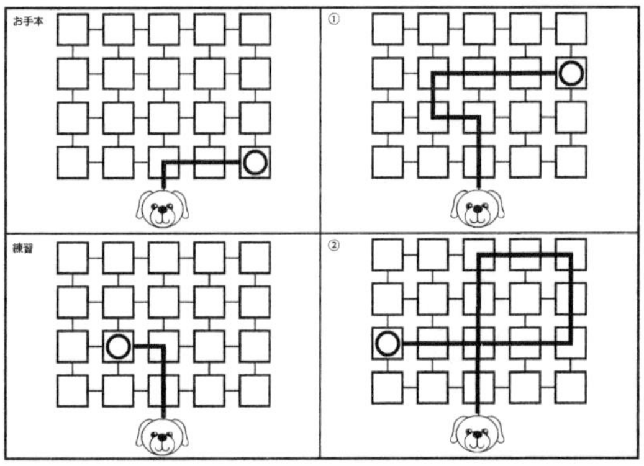

アドバイス

指示を記憶しているかだけではなく、運筆の要素も入った問題です。お手本と練習も行われていますから、実際に問題を解くとき、指示がわかっていないのは避けなければなりません。特に最後の○をきちんと書けたか否か確認しましょう。また、この問題は、記憶だけでなく、運筆の要素も入っているので、どちらもできていることが重要です。記憶が曖昧だと線が薄くなったりゆがんだりしてしまいますし、運筆が苦手であれば、角の線がしっかり描けないこともあります。ですので、お子さまの間違いの原因を確かめる時にどちらなのかということをしっかりと見極めて対策をすることが大切です。記憶力が問題であれば、お話の記憶や読み聞かせによって、練習しましょう。運筆が課題であれば、毎日少しずつでも絵を描いたり、線を引く練習をしましょう。

【おすすめ問題集】
Ｊｒ・ウォッチャー2「座標」、47「座標の移動」、51「運筆①」、52「運筆②」

問題13　分野：巧緻性

〈準備〉　プラスチックのコップ２個（片方には水を入れておく）

〈問題〉　この問題の絵はありません。
空のコップに水を移してください。その時、２つのコップの水の高さが同じになるようにしてください。できたら、手を挙げてください。こぼしたら、近くの雑巾で拭いてください。

〈時間〉　１分

〈解答〉　省略

アドバイス

コップに水を移すことは日常でよくあることです。このことから、日常生活において、自分のことは自分でしているか、また、家でどの程度お手伝いをしているかを観たい、という学校の意図が感じられます。課題そのものは慣れているお子さまにとっては易しいでしょう。ただ、できたら手を挙げて待っていることもしっかりと守らなければいけなりません。コップに水を移すだけではなく、指示を守れるかということも大切になります。もし、この課題にお子さまが苦戦されるようであれば、日常生活でできるだけ自分のことは自分でさせる改善が必要かもしれません。このコップに水を注ぐこともそうですが、こぼしてしまったら綺麗に拭くこと、服を自分で畳むことなど生活体験を多く積むことが大切です。これらのことは、入試で必要という以上に小学校に進学してから必要になるものばかりですので、ぜひ、今のうちに身に付けておきましょう。

【おすすめ問題集】
Ｊｒ・ウォッチャー12「日常生活」、25「生活巧緻性」

問題14　分野：行動観察

〈準備〉　ビニールプール、クリップ、恐竜や車、電車の描かれた紙、
割りばし、タコ糸、オレンジの箱
（絵を参考にして、釣り竿と釣られる絵をつくりビニールプールに入れておく）

〈問題〉　この問題は絵を参考にしてください。
（８人１グループになって行う）
８人で話し合って、釣りのゲームをする順番を決めてください。
釣ったものは自分の近くにあるオレンジの箱の中に入れてください。
自分の番が終わったら釣り竿は、次の順番の人に渡しましょう。

（終わった後は、一列になってトイレへ行く）

〈時間〉　１人２分程度

〈解答〉　省略

アドバイス

この課題で注目すべきは、待ち時間が長いことです。１人あたりの課題を行う時間は短いのですが、８人１グループですから、単純に計算しても、14分ほどの待ち時間となります。特に、最初の方に、順番がまわり、自分の番が終わったお子さまの集中力がそこで切れてしまう可能性があります。ただし、これは行動観察の試験ですから、例え、自分の番が終わっても試験が終了しているわけではありません。ですので、だらけずにしっかりと待つことができるかも観られています。しかし、この年齢のお子さまにとって、14分というのは短い時間ではありませんが、日常生活を通して、待つことができるようにしましょう。

【おすすめ問題集】
Ｊｒ・ウォッチャー29「行動観察」、56「マナーとルール」

問題15　分野：運動（サーキット）（1グループ10名程度）

〈準　備〉　ボール、三角コーン４つ、フープ５つ（場所は、体育館）

〈問　題〉　**この問題は絵を参考にしてください。**
お手本をするのでよく見ていてください。
①向こう側にあるコーンまで走って行き、回ったら走ってスタート地点まで走って戻ってきてください。
②ドリブルしながら、コーンを八の字に回ってください。
③ボールを上に投げて、その間に、手を３回叩いてからボールをキャッチします。
④ボールを壁に向かって投げます。（５メートル）
⑤ジグザグに置かれたフープをグージャンプで跳び向こう側まで行ってください。終わったら元の場所まで戻り静かに待ちましょう。

〈時　間〉　適宜

〈解　答〉　省略

家庭学習のコツ③　効果的な学習方法～問題集を通読する

過去問題集を始めるにあたり、いきなり問題に取り組んではいませんか？　それでは本書を有効活用しているとは言えません。まず、保護者の方が、すべてを一通り読み、当校の傾向、ポイント、問題のアドバイスを頭に入れてください。そうすることにより、保護者の方の指導力がアップします。また、日常生活のさまざまなことから、保護者の方自身が「作問」することができるようになっていきます。

アドバイス

運動の課題です。例年同様の課題が出題されています。指示が多く、きちんと説明を聞き取らなければならないため、運動能力と同時に指示を聞き、理解する力も観られています。内容としては基礎的な「走る」「跳ぶ」「投げる」の組み合わせとなっていますが、８の字ドリブルは難度が高いです。ボールに不慣れだと、その場でボールを弾ませ続けることもできないということもよくあります。しかし、こうした運動能力は、一人ひとりのお子さまの身体の成長に応じてばらつきがあります。運動テストとは本来、運動神経の優れた子どもを選別しようというよりは、その取り組みの様子や姿勢を評価するためのテストです。たとえお子さまが苦手であっても、焦らずに最後まで取り組む姿勢を示せるように指導しましょう。

【おすすめ問題集】
新 運動テスト 問題集、Ｊｒ・ウォッチャー28「運動」

問題16　分野：制作、行動観察

〈準 備〉　この問題は絵を参考にしてください。
あらかじめ16－１の絵を線に沿って切っておく、
真ん中に四角の書かれた画用紙、ハサミ、クーピー12色、セロハンテープ

〈問 題〉　（16－２の絵を参考にしてください。）
①４枚の絵が置いてある。その中から１枚好きな絵を選ぶ。
②画用紙に書かれた線の内側に、選んだ乗り物に一緒に乗りたいお友だちの絵を描き、線に沿って切る。
③最初に選んだ絵と切り取ったものをセロハンテープで貼る。
④（４人１グループになる他の３人はランダムに決められる）
誰を描いたのか、どんな子なのか発表する。
⑤机に置いてある絵（観覧車、メリーゴーランド、ジェットコースター、気球が描いてある）の中で一つ選ぶ。決まったら先生のところに持っていき、グループの１人が選んだものとなぜそれを選んだのかを発表する。

〈時 間〉　15分

〈解 答〉　省略

アドバイス

本問は２次試験の制作テストで出題されました。「塗る」「切る」「貼る」といった制作分野の基礎がすべて網羅された出題です。また、この課題では発表もあるため、普段から自分の意見を伝えることに慣れておく必要があります。人に自分の意見を伝える力は、ご家庭での親子のコミュニケーションによって身に付いてくるものです。例えば、お子さまに、園で起きた面白いことなどを質問してみるとよいでしょう。お子さまが自分の口で説明する時間を毎日、取るようにすると少しずつ上達していきます。
クーピーペンや、はさみの使い方も練習して慣れておきましょう。その際に、塗る道具はクレヨンや色鉛筆、クーピーペンなど、貼る道具はセロハンテープやスティックのり、液体のりなど一つの道具に限るのではなく、色々な道具に慣れておくようにしましょう。

【おすすめ問題集】
実践ゆびさきトレーニング①②③、Ｊｒ・ウォッチャー23「切る・貼る・塗る」、25「生活巧緻性」

問題17　分野：面接（保護者のみ）

〈準 備〉　なし

〈問 題〉　この問題の絵はありません。

・志望動機について教えてください。
・テーマ作文はどちらがお書きになられましたか。
（以下、書かなかった保護者の方への質問）
・子育ての役割分担はどのようにされていますか。
・（共働きの方へ）共働きですね。子育てをどのようにやりくりしていますか。
・（共働きの方へ）共働きですね。お子さまが１年生、２年生の間、ご家庭での学習は可能でしょうか。

（ご夫婦のどちらかがお答えください。）
・この学校は、キリスト教ですがご理解されていますか。
・カトリックや聖書に触れたことがありますか。
・（聖書を読んだことが「ある」と答えられた方へ）印象に残った箇所を教えてください。
・教会に行ったことがありますか。
・お子さまをキリスト教に関わる場所につれて行ったことはありますか。
・お子さまは、家でのお手伝いは何をしていますか。
・「歓喜」「かんしゃく」を、お子さまに対してまた、ご自身で経験したことはありますか。
・お子さまが嬉しさや喜びを爆発させる時はどんな時ですか。
・お子さまが怒りを爆発させる時はどんな時ですか。
・育児でこだわっていることはありますか。

〈時 間〉　10分程度

〈解 答〉　省略

アドバイス

この質問の内容からも分かるように作文をご夫婦どちらが書くにしても、しっかりと内容は共有しておくことが重要です。また、それだけではなく、カトリックについても質問がされています。聖書を全て読むということは時間がかかりますが、有名なエピソードだけでも目を通しておくことをおすすめします。面接対策ということだけではなく、学校を学ぶという点からも役に立つはずです。ただ、どれだけ準備をしていても、回答を用意していなかった内容について質問されることがあると思います。その場合でも、落ち着いて、ご自身の思いや考えをそのままお話されることが大切です。面接では、お父様、お母様の人柄も観られています。これらを考えると、学校側の方針や考え方・指導方法と、ご家庭の教育方針や指導方法などの食い違いのないことを確認したいという意図があるかと想像されるので、ご両親でしっかりと話し合われてから、面接に臨んでください。

【おすすめ問題集】

面接テスト問題集、入試面接最強マニュアル、新・小学校面接Ｑ＆Ａ

問題18　分野：保護者作文

〈準 備〉　出願時に提出のアンケート（300字）

〈問 題〉　この問題の絵はありません。
育児・仕事・受験・ご自分の時間のバランスをどのように保っていらっしゃいますか、具体的にお書き下さい。（横書き）

〈時 間〉　出願時まで

〈解 答〉　省略

アドバイス

アンケートの題を見ると、「『育児』『仕事』『受験』『自分の時間』のバランス」と観点が多くあります。これらを最初から、300字という短い文字数にまとめることは難しいです。ですので、まずは、300字という枠を気にせずに、多めに文章を書いてみましょう。次に、そこから少しずつ、必要のない部分を削っていくようにしましょう。そうすると、完成した文章は濃い内容のものになります。最後に、書き終えたら、一日もしくは数日、時間を開けて、校正を行いましょう。時間を空けることで、誤字脱字を見つけやすくなります。また、基本的な作文の書き方・決まりも確認してください。内容が良くとも、文章のルールから外れているものがあると書いた意図が伝わらないこともあります。
完成したアンケートはコピーをとり、保護者の方で共有しておくとよいでしょう。内容をしっかりと覚えておき、面接ではアンケートと一貫性のある話ができるようにしましょう。

【おすすめ問題集】
新 小学校受験 願書・アンケート・作文文例集500

2023年度以前の入試問題

問題19　分野：お話の記憶（テープによる音声）

〈準　備〉　クーピーペン（赤）

〈問　題〉　お話を聞いて後の質問に答えてください。

たろうくんは、お誕生日に、青い笛をもらいました。すてきな笛だったので、たろうくんは嬉しくて、早速、笛を吹いてみました。すると、とてもきれいな音が出ました。その笛で、どんぐりコロコロの歌を吹いてみると、上手に吹くことができたので、どうしても、誰かに聞いてもらいたい気持ちになり、原っぱに行くことにしました。原っぱには、チューリップが咲いています。たろうくんが、原っぱで笛を吹いていると、じろうくんが、やってきました。じろうくんは、たろうくんの笛を褒めてくれました。じろうくんはサッカーボールを持ってきたので、「一緒にサッカーをしよう」と誘われ、たろうくんは、笛を切り株の上に置いて、じろうくんとサッカーをして遊ぶことにしました。たくさん遊んだ後、じろうくんが、「そろそろ家に帰ろう」と言ったので、たろうくんは、笛のことをすっかり忘れて、じろうくんと家に帰ることにしました。家に帰ると、たろうくんは、笛を置いてきてしまったことに気付いて、あわてて原っぱに戻りましたが、笛は無くなっていました。しょんぼりしていると、どこからか笛の音が聞こえてきました。音のする方を向くと、キツネが、切り株の上で、たろうくんの笛を吹いています。その周りには、ウサギとクマとサルがいて、笛の音を聴いていました。クマが、「次は、僕が太鼓を叩く番だよ」と言って、太鼓を叩き始めました。続いて、サルが、「今度は、僕の番だよ」と言って、ラッパを吹きました。「次は、私の番よ」と言って、ウサギがトライアングルを鳴らしました。たろうくんが、大きな拍手をしたので、動物たちがたろうくんに気付いて、切り株の方へ案内してくれました。ウサギが、「次は、たろうくんの番よ」と言うと、キツネは、たろうくんに笛を渡してくれました。たろうくんは、練習した曲をもう一度吹いてみました。たろうくんは、みんなの前で笛を吹くことにどきどきしましたが、上手に吹くことができました。その後も、動物たちが、とても楽しそうに演奏していたので、たろうくんは笛をキツネに渡して、家に帰ることにしました。動物たちは、楽器を演奏しながら、たろうくんを見送ってくれました。

（問題19の絵を渡す）
①たろうくんの笛と同じ色のものに○をつけてください。
②このお話と同じ季節の絵に○をつけてください。
③動物たちが演奏した楽器の順番通りの絵に○をつけてください。
④たろうくんが笛で吹いた曲に○をつけてください。
⑤たろうくんが、原っぱで遊んだものに○をつけてください。
⑥動物たちが演奏しながら、見送ってくれたときの、たろうくんの気持ちの絵に○をつけてください。

〈時　間〉　各15秒

〈解　答〉　①右から２番目（海）②左端（桜）
③一番上（笛→太鼓→ラッパ→トライアングル）　④右から２番目（ドングリ）
⑤左から２番目（サッカー）　⑥右から２番目（笑顔）

［2023年度出題］

アドバイス

お話の記憶では、基本的な要素を含んだ内容です。季節、色、順番、表情などが問われています。最後の問題のたろうくんの気持ちを、汲み取ることができたでしょうか。本当は、たろうくんがお誕生日祝いにもらった笛でしたが、原っぱに置き忘れてしまったために、キツネが笛を吹いていました。本来ならば、「僕の笛だから、返してね。」と言うはずでしょうが、家に戻る時には、キツネに渡しています。解答は正しかったとしても、どういう気持ちで笛を渡すことができたのか、ぜひ、お子さんに聞いてみてください。

【おすすめ問題集】

1話5分の読み聞かせお話集①②、Ｊｒ・ウォッチャー19「お話の記憶」

問題20　分野：記憶

〈準 備〉　クーピーペン（赤）

〈問 題〉　絵を見て覚えましょう。20－1の絵を渡す。（20秒）

①先ほどの絵の中になかった形に○をつけてください。
②左の一番上にあった絵に○をつけてください。
③左の一番上のひとつ下にあった形に○をつけてください。
④上から三段目で、三角形はいくつありましたか。その数と同じ数の絵に○を書いてください。
⑤形と形の間が空いていたところの右と左にあった形２つに、○をつけてください。

〈時 間〉　各15秒

〈解 答〉　①右端　②右端　③左から２番目
④左端　⑤左から２番目、右端

［2023年度出題］

アドバイス

単に形を記憶するだけではなく、位置も記憶をしなければならないので、かなり難しい問題です。形の位置を覚えることはできても、その後に出される問題文の理解ができなければ、どんどん混乱していくかと思います。どのような問題でも、言語力が基本です。お手伝いなどを通して、位置関係を様々な表現で話すことで、独特な表現に慣れておきましょう。

【おすすめ問題集】

Ｊｒ・ウォッチャー18「いろいろな言葉」・20「見る記憶・聴く記憶」

問題21　分野：図形

〈準 備〉　クーピーペン（赤）

〈問 題〉　いろいろな形が重なっています。下から２番目にある形に○をつけてください。

〈時 間〉　45秒

〈解 答〉　①左から２番目　②左端　③右端　④左から２番目
⑤右から２番目

［2023年度出題］

アドバイス

一本線や二本線の図が重なっているので、見慣れない重ね図形です。しかし、よく見ると、下から２番目の形は、わかったのではないかと思います。ただ、解答時間が短いので、さっと判断して解答できるようにするには、練習問題を繰り返す必要があります。

【おすすめ問題集】

Ｊｒ・ウォッチャー35「重ね図形」・54「図形の構成」

問題22　分野：言語

〈準 備〉　クーピーペン（赤）

〈問 題〉　四角の中に描かれた絵の中には、動物の名前が隠されているものがあります。動物の名前が入っているものを探して、○をつけてください。

〈時 間〉　１分

〈解 答〉　①右端　②左から２番目　③右から２番目　④左端
⑤左から２番目

［2023年度出題］

アドバイス

言葉遊びの問題です。まずは、この問題に出てきたもののなまえを全て言えるようにしましょう。ひとつひとつ、ひらがなで名前を書いている時間はありませんので、動物の名前がどこに隠されているか、声さえ出さなければ、下を向きながら口を動かして確認することはできます。言葉遊びは、必要な道具も要らずどこでもできるので、親子で楽しく考え、学ぶことのできるゲームのひとつです。競争することで、スピード感も養えるでしょう。

【おすすめ問題集】

Ｊｒ・ウォッチャー17「言葉の音遊び」・49「しりとり」

問題23　分野：常識（季節・言語）

〈準備〉　クーピーペン（赤）

〈問題〉　①春によく見られる虫をひとつ探して、○をつけてください。
②夏に咲く花に○をつけてください。
③秋に美味しく食べることのできる果物に○をつけてください。
④冬の行事に○をつけてください。
⑤しりとりで繋いでいった時、最後になる絵に○をつけてください。

〈時間〉　各15秒

〈解答〉　①右端　②左から２番目
③左端　④左から２番目　⑤右端

［2023年度出題］

アドバイス

日本ならではの、四季に関する問題です。特に難しい問題ではなく、基本的なことを問われていますので、間違えることがないようにしたいものです。最後のしりとりの問題も、まずは、なまえを知らないと解答が困難になります。今では、あまり馴染みのないもののなまえも、やはり知っておいてもらいたいものがたくさんあります。美術館、博物館などで、実物を観る機会や写真などを通して、より多くのなまえや用途などを教えてあげてください。そして、現代は便利になった反面、失ってしまったものの大切さ、良さなども伝えていくことにより、お子さんの感性はより豊かなものになるでしょう。

【おすすめ問題集】
Ｊｒ・ウォッチャー34「季節」・49「しりとり」

問題24　分野：数量（等分配）

〈準備〉　クーピーペン（赤）

〈問題〉　上の太い四角の中のお友達が、仲良くおやつを分けることにしましたが、仲良く分けても、どうしても余ってしまうようです。余ってしまう数と同じ絵に、○をつけてください。

〈時間〉　１分

〈解答〉　①左から２番目（サイコロ２の目）　②右から２番目（３本の花）
③左端（☆ひとつ）　④左から２番目（みかん２つ）

［2023年度出題］

アドバイス

上に描かれたお友達で仲良く分けた上で、どうしても余ってしまう、平等に分けることができない数を求めます。等分配の考え方が、しっかりできているお子さんであれば、早く解くことができるでしょう。等分配の考え方が、定着していないお子さんは、何が何だかわからなくなってしまう問題です。どの問題も、『４人で分ける』ことを忘れず、また４人に同じ数ずつ分配するときは、ひとり１つずつ、つまり、いつも『４つひと組』が必要であること、このことをしっかり理解できるよう指導していきます。

【おすすめ問題集】

Ｊｒ・ウォッチャー40「数を分ける」

問題25　分野：推理（歯車・滑車）

〈準備〉　クーピーペン（赤）

〈問題〉　①②の問題です。
一番上の歯車が矢印の方向に回ると、一番下の歯車はどちらの向きに回りますか。回る方向の矢印に○をつけてください。
③④の問題です。
矢印の方向に紐を引くと、それぞれの滑車はどちらの方向に回りますか。矢印に○を付けてください。

〈時間〉　１分

〈解答〉　下図参照

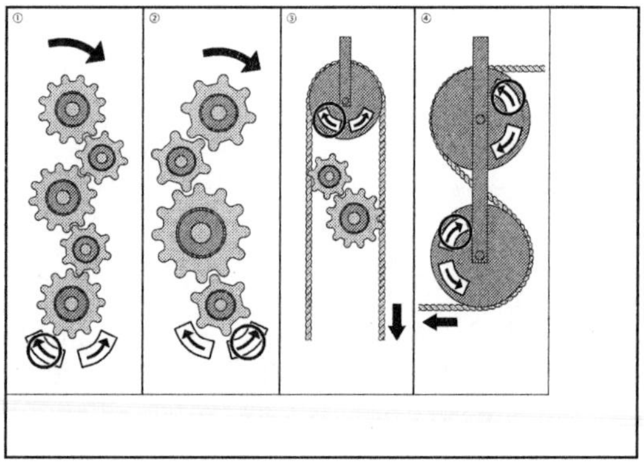

［2023年度出題］

アドバイス

歯車、滑車の問題は、ペーパー上だけではなく、ぜひ、実物を使って、体感してほしいものです。考え方は、さほど難しくなく、歯車は、力が加わった方向から、次の歯車は押し出されるように動くので、簡単に言えば、始めの力の方向からS字を描いていけば、答えが出ます。理解ができれば、簡単に解けますが、保護者の方も始めはどうなっているのか、理解に苦しむかもしれません。お子さんと一緒に確認して、問題に取り組んで、確実な理解を深めてください。

【おすすめ問題集】

Ｊｒ・ウォッチャー31「推理思考」

問題26　分野：推理（観覧車）

〈準備〉　クーピーペン（赤）

〈問題〉　観覧車に動物たちが乗っています。観覧車はゆっくりと矢印の方向に動いていきます。
①ウサギがキツネのところまで来ると、ウサギのところには、どの動物が来ますか。四角に○をつけてください。
②ライオンがブタのところへ来ると、リスのところには、どの動物が来ますか。四角に○をつけてください。
③ブタが一番低いところにいる時、一番高いところにいる動物に○をつけてください。

〈時間〉　各15秒

〈解答〉　①ライオンに○　②キリンに○　③リスに○

［2023年度出題］

アドバイス

ウサギがキツネのところまで移動するには、５つ動くことになります。よって、今、ウサギへ来るまでには、その他の動物も５つ右回りに動くことになります。苦手意識を持たせないためにも、ウサギがひとつ動いたら、ウサギのところに誰が来るか、２つ動いたら誰が来るか、ひとつずつ丁寧に考えさせましょう。動くと、後ろにいた動物がやってくる、この感覚が大切です。観覧車の問題も混乱しやすい問題がありますので、具体物を使って実際に確かめ、考え方を確実にしていきましょう。

【おすすめ問題集】
Ｊｒ・ウォッチャー50「観覧車」

問題27　分野：図形（四方からの観察）

〈準備〉　クーピーペン（赤）

〈問題〉　左の積み木を色々な方向から見た時の絵が右側に描いてあります。けれども、この中には、どうしてもそのように見えない形がひとつだけあります。その形に○をつけてください。

〈時間〉　１分

〈解答〉　①右から２番目　②右端　③右から２番目　④左端

［2023年度出題］

アドバイス

積み木の数を求めるのであれば、さほど難しくはないのですが、この問題は、上から見た様子も含む、五方向を考えないといけません。四方から見た場合だけならば、高さを目安に消去法で選択肢を減らしますが、上から見た時の様子も加味して消去しないといけないので、問題にある程度慣れておかないと、早く答えを導くことは難しいでしょう。奥行や、四方のイメージがつきにくいようであれば、実物を使って、まずは問題の絵と同じように積み木を組み立ててみてください。どの絵も間違えずにできるようになったら、段々と実物を使わずとも、理解できるようになるでしょう。

【おすすめ問題集】

Ｊｒ・ウォッチャー10「四方からの観察」、53「四方からの観察 積み木編」

問題28　分野：数量（数の構成）

〈準 備〉　クーピーペン（赤）

〈問 題〉　左にある果物の数は、右のサイコロのどれとどれを合わせた数と同じでしょうか。サイコロ２つに○をつけてください。

〈時 間〉　１分

〈解 答〉　①右端と右から２番目（４と５）　②右から２番目と右端（５と６）
③左から２番目と右から２番目（４と６）
④左から２番目と右から２番目（５と３）

［2023年度出題］

アドバイス

数を合わせるだけではなく、10までの数の組み合わせは、覚えておきたいところです。サイコロの目は６まであるので、最大12となりますが、10までの分割を覚えていれば、あと１，２を足せば答えが出るので、少なくとも10までは、できるようにしておきましょう。ただ、数字の組み合わせだけではなく、サイコロの目を覚えておくと、色々な数の問題への対応が早くなります。

【おすすめ問題集】

Ｊｒ・ウォッチャー38・39「たし算・ひき算①②」、40「数を分ける」

問題29　分野：図形（図形の構成）

〈準 備〉　クーピーペン（赤）

〈問 題〉　上の太い四角の中の形を合わせると作ることができる形を下から選んで、○をつけてください。

〈時 間〉　1分

〈解 答〉　③と④に○

［2023年度出題］

アドバイス

図形の分割は、パズル遊びを沢山していたお子さんとそうでないお子さんとで、解答する際の、着眼点や早さの違いが出ます。この問題は、マス目が書いてあるので、この形に合わせて分割線を入れることができれば、早く解くことができます。多少時間はかかりますが、マス目の数を数えて、基本の形（3マス）の倍数になっているか判断できれば、消去法で選択肢を狭めることもできます。

【おすすめ問題集】

Ｊｒ・ウォッチャー45「図形分割」

問題30　分野：推理（迷路）

〈準 備〉　クーピーペン（赤）

〈問 題〉　矢印のスタートからゴールまでたどり着くことのできない迷路に○をつけてください。

〈時 間〉　1分

〈解 答〉　①、③、④に○

［2023年度出題］

アドバイス

迷路は、スタートからある程度の道筋をつけることと、ゴールから遡ることの両方を行うことで、スピードアップを図ります。問題として取り組むのではなく、少しリラックスタイムのように、勉強の合間に、気分転換で取り組むのが良いでしょう。この問題は、ゴールまでたどり着けないものに○をつける、という問題なので、②に○をつけてしまったならば、最後の最後まで説明を意識してよく聞く必要があります。

【おすすめ問題集】

Ｊｒ・ウォッチャー７「迷路」

問題31　分野：常識

〈準 備〉　クーピーペン（赤）

〈問 題〉　電車の中の様子です。人に迷惑をかけないで、きちんと乗車している人に○をつけてください。

〈時 間〉　15秒

〈解 答〉　下図参照

［2023年度出題］

アドバイス

公共機関でのマナーは、早いうちからきちんと教えていきましょう。今回は、正しく利用している子に○をつける問題ですが、その子以外は、なぜいけないのか、どうすればよいのか、このようなことも説明できるようにしておきます。最近は、リュックサック型の鞄で通勤通学される方も増えました。混んでいる車内では、リュックサックを前に抱える、手に持つなど、他の人に迷惑にならないような配慮も必要です。

【おすすめ問題集】

　Ｊｒ・ウォッチャー56「マナーとルール」

問題32　分野：推理（系列）

〈準 備〉　クーピーペン（赤）

〈問 題〉　ここに描いてある絵は、あるお約束通りに並んでいます。黒い枠のところには、どの形が入りますか。右から選んで○をつけてください。

〈時 間〉　１分

〈解 答〉　①左から２番目　②右から２番目　③左下　④左端　⑤右端

アドバイス

一定のルールをいかに早く見つけ出すかが、カギとなります。②は、黒丸のある小さい四角形が左にひとつずつ回転しています。１周後は、黒丸が同じ位置に移動します。⑤は、２種類の雪だるまが１つおきに、180度回転しボタンも１つずつ、ずれていってます。ここに気づくには、時間がかかると思いますが、様々な問題を経験していくと、どこに着目すればよいのか、わかるようになります。制限時間を気にせず、どのような並びになっているか、見出すことができるようになれば、やや困難な問題へも挑戦しようという意欲も湧いてくるでしょう。

【おすすめ問題集】

Ｊｒ・ウォッチャー６「系列」

問題33　分野：複合（記憶と運筆）

〈準備〉　クーピーペン（赤）

〈問題〉　これから言う形を書いてください。（早口で言います。）
①丸（○）・三角（△）・二重丸（◎）・バツ（×）
②四角（□）・丸（○）・菱形（◇）・三角（△）
③星（☆）・バツ（×）・四角（□）
④三角（△）・黒丸（●）・二重丸（◎）・バツ（×）

〈時間〉　各15秒

〈解答〉　省略

アドバイス

先生から、かなりのスピードで言われた記号を即座に書くという、瞬時の音の記憶と運筆問題です。この中では、菱形、星の形が書けるか気になるところです。早く書くには、一筆書きができるとよいですね。早いスピードで言われた音を頼りに、形を書いていくことになりますので、練習としては、数字の暗唱や逆唱がお勧めです。口で言えるようになったら、数字で書いてみる、このような練習の仕方もあります。集中して聴き取り、書くことが求められます。

【おすすめ問題集】

Ｊｒ・ウォッチャー20「見る記憶・聴く記憶」、50・51「運筆①②」

問題34　分野：行動観察

〈準備〉　軍手

〈問題〉　**この問題の絵はありません。**

軍手をボールのように丸め、先生に取られないように投げます。1人、2回投げることができます。ただし、この軍手で遊んではいけません。終わったら、列の後ろに並びます。

〈時間〉　適宜

〈解答〉　省略

［2023年度出題］

アドバイス

軍手の指の部分を内側に折り、手首部分をひっくり返してボールのようにします。お手伝いで、靴下畳みに慣れていれば、簡単にできることです。軍手は、持参するよう指示があったようですが、新品ですと、こういう考査の時には、硬くて作業しにくいこともあるので、1、2度洗濯したものがやりやすいでしょう。この考査の前には、考査中のお約束が先生から伝えられるので、楽しくなったとしても、ふざけない、遊ばないことをしっかりと守りましょう。この指示は、あらゆるところで出ているので、メリハリをつけられるお子さんを求めている、ということです。

【おすすめ問題集】

Ｊｒ・ウォッチャー29「行動観察」

問題35　分野：運動（サーキット）（1グループ10名程度）

〈準備〉　ボール、三角コーン４つ、フープ５つ（場所は、体育館）

〈問題〉　**この問題は絵を参考にしてください。**

①線に沿って、走ります。
②ボールを上に投げている間に、３回手を叩いてボールをキャッチします。
③ボールを壁に向かって投げます。（５メートル）
④線に沿って、ケンケンパをします
⑤ジグザグに置かれたフープをグージャンプで跳びます。
⑥三角コーンをジグザグに、ボールを使ってドリブルします。
⑦ボールを両手で持ちながら、先生のところへ走っていって、ボールを渡します。

〈時間〉　適宜

〈解答〉　省略

［2023年度出題］

アドバイス

月齢別に、簡略化されているグループもありますが、総じてのサーキット内容です。説明を聞く姿勢や態度、内容を理解し実践する力、自信をもってやり遂げる意欲と技術など、総合的に観られていると思われます。最後まで精いっぱいやり切ることが肝心で、失敗したとき、その後の行動について指導しておきましょう。

【おすすめ問題集】

Ｊｒ・ウォッチャー56「マナーとルール」

問題36　分野：制作

〈準備〉　細長い紙（４×55ｃｍ程度）、ハサミ、液体のり、クーピー12色、ホチキス

〈問題〉　（36-２の絵を参考にしてください。）
①型紙に描かれた（36-１の絵）、桃と葉の色を、クーピーで塗ります。
②線に沿って、桃と葉をハサミで切り取ります。
③細長い紙を頭に巻くように輪にして、その両端に、桃、葉と一緒にホチキス留めして、桃の王冠を作ります。
④でき上がったら、自分で作った作品を見て、自分で評価をつけます。よくできた順に◎、○、△、□、×です。桃の裏に書いてください。

〈時間〉　15分

〈解答〉　省略

［2023年度出題］

アドバイス

ホチキスで、桃・葉・頭にかける部分と３枚合わせて留める必要があるので、使い慣れていなければ、かなり難しい課題と思います。始めは、両手でホチキスを押さえなければ留めることが困難かもしれません。小学校に入ると、色々なことを自分でしなくてはいけないので、入学後を見据えての出題が増えています。また、自分で自分の作品の出来具合を評価するというのは、振り返りの作業です。また、作ったあと、やりっぱなしではなく、片付けることも含めて結果を見直すということです。この課題は、学校側の望む児童像の表れでしょう。

【おすすめ問題集】

実践ゆびさきトレーニング①②③、Ｊｒ・ウォッチャー23「切る・貼る・塗る」、25「生活巧緻性」

問題37　分野：絵画

〈準備〉　クレヨン12色、画用紙

〈問題〉　この問題の絵はありません。
昔話の「ももたろう」では、イヌ、サル、キジ、が、ももたろうの家来になって鬼ヶ島に鬼退治に行きましたね。あなたがももたろうだったら、他にどんな動物を家来に連れて行きたいですか。あなたが選んだ家来を連れて、鬼ヶ島に向かっている絵を描いてください。

〈時間〉　10分

〈解答〉　省略

［2023年度出題］

アドバイス

指示からすると、人と家来になる動物を描く必要があります。また、鬼ヶ島に鬼退治に行く絵なので、それらしい表情や持ち物も必要でしょう。上手に描く必要はなく、指示内容を把握して描いているかが大切です。また、なぜその動物を連れて行きたいと思ったのか、その理由も説明できるようにしましょう。

【おすすめ問題集】
1話5分の読み聞かせお話集①②、Ｊｒ・ウォッチャー24「絵画」

問題38　分野：行動観察（5～8人のグループ）

〈準備〉　1/2サイズの画用紙偶数枚、クレヨン12色

〈問題〉　この問題の絵はありません。
グループで季節を決めます。その季節に合った絵を描いて、神経衰弱をして遊びましょう。

〈時間〉　15分

〈解答〉　省略

［2023年度出題］

アドバイス

まず、話し合いで季節を決めますが、制限時間内に絵を描き、それを使って遊ぶことを考えると、描きやすい季節を早く決め、神経衰弱というゲームから、ひとりが1枚ずつではなく、2枚ずつ同じ絵を描くということに気付いて、グループを引っ張っていく発言をできることが望まれます。先を考えた、話し合いと統率がとれるか、高度なことが求められています。発言がうまくできずとも、「いいと思うよ。」「そうしよう。」など、相づちを打てるとよいです。

【おすすめ問題集】
Ｊｒ・ウォッチャー24「絵画」、29「行動観察」、34「季節」

問題39　分野：面接（保護者のみ）

〈準備〉　なし

〈問題〉　**この問題の絵はありません。**　　　　　※始めに確認事項２点
・宗教行事には、参加してください。
・オンライン授業等あるので、自宅にインターネット環境を整えてください。

（ご夫婦のどちらかがお答えください。）
・iPad等、インターネット接続をする場合、ご家庭で制限をかけていることはありますか。
・（「だいじ　だいじ　どーこだ？」（はじめてのからだと性のえほん）の表紙を提示され）
家庭で、性について、お話されていることはありますか。
・習い事はされていますか。
・６年間男子校について、どう思われますか。
・受験後、入学するまでに、何をしますか。

（父親へ）
・平日に学校を休んで、遊び（旅行）に行くことについて、どう思いますか。
・小学校に入ると、書類や提出物が多くなります。お子さんが、提出物や宿題をギリギリにしかやらない場合、どうしますか。

（母親へ）
・連休明けの月曜日の朝、子どもが学校を休みたいと言った場合、どうしますか。
・若い先生、ベテランの先生、男性教師、女性教師が居りますが、どのような先生に担任になってもらいたいと思いますか。

〈時間〉　10分程度

〈解答〉　省略

［2023年度出題］

アドバイス

回答を用意していなかった質問をされても、落ち着きをもって、ご自身のそのままの思いや考えをお話されれば良いと思います。お父様、お母様の人柄も観られています。今年の面接では、ご家庭に、インターネット環境を整えてもらっている点から、画像の制限についての質問もある一方、平日に学校を休むことについての質問もあり、授業のある日の家族旅行などが、多少目に余るようになったのでは、と推察されました。また、先生への希望に関する質問もありました。これらを考えると、学校側の方針や考え方・指導方法と、ご家庭の教育方針や指導方法などの食い違いのないことを確認したいという意図があるかと想像されるので、ご両親でしっかりと話し合われてから、面接に臨んでください。

【おすすめ問題集】
新 小学校面接Ｑ＆Ａ、入試面接最強マニュアル

問題40　分野：保護者作文

〈準　備〉　出願時に提出のアンケート（300字）

〈問　題〉　**この問題の絵はありません。**
「神様って、本当にいるの？」とお子さんから聞かれたら、どのように答えますか。

〈時　間〉　出願時まで

〈解　答〉　省略

［2023年度出題］

アドバイス

宗教に関わる内容になるので、基本的なお話だけになりますが、学校の方針をしっかりと理解し共感でき、日頃から、お子さんとよく会話ができていて、受験に臨まれているならば、迷うことなく答えることができると思います。誤字脱字のないよう、そして、基本的な作文の書き方・決まりを確認してください。作文するにあたり、なぜ、お子さんが疑問を持ったのかも考えてみましょう。始めは、思うことを箇条書きにして、ポイントを整理し、文章にしていくとよいと思います。願書提出時、つまり面接前に提出するので、この作文から、保護者様の様子や考え方が、ある程度伝わるでしょう。

【おすすめ問題集】
新 小学校受験 願書・アンケート・作文文例集500

問題41　分野：お話の記憶

〈準備〉　クーピーペン（赤）

〈問題〉　たかし君は年長さんです。今日もお母さんが迎えにきてくれました。お母さんと手をつなぎ、肉屋さんや魚屋さん、花屋さんや文房具屋さんなど、いろいろな店がある商店街を歩きながら帰ってきました。商店街を歩いていくとバス停があり、ちょうどバスからお父さんが降りてきたところでした。「あっ、お父さんだ」「やー、たかし」と叫びました。たかし君のおうちはバス停から長い階段を上るとすぐのところにあります。お父さんとお母さんに手をつながれて階段を上っていると後ろから夕日に照らされて、たかし君たちの影が長く伸びていました。たかし君は「ぶんぶんして」とおねだりをしました。「よーし」といって「ぶんぶん」しながら階段を上りました。家に着くとお母さんは夕飯の支度、お父さんはお風呂に入りました。たかし君は「明日は鉛筆を持ってくるように」といわれたことを思い出しました。筆箱には鉛筆がありません。お母さんに言うと「筆箱になければ、家にはないわね。たかし、買ってきて」「買いに行ける？」といわれ、たかし君は100円玉を２枚握りしめて出かけました。文具屋さんに着くとシャッターが、たかし君のひざくらいまで閉っていました。お店の中に誰かいるのがわかったので、大きな声で「鉛筆ください」といったのですが、聞こえなかったようです。また、先ほどより大きな声で「鉛筆をください」というと、お店の人が「誰かな？」と言いながらシャッターを開けてくれました。たかし君は初めてのお使いができて、とてもうれしくて、涙が出ました。階段のところで手を振っているお父さんとお母さんの姿が見えました。

①たかし君の買ったものは何ですか。○をつけてください。
②階段を上っているときの絵に○をつけてください。
③買いに行くときの、たかし君の手はどれでしょうか。○をつけてください。
④お使いができたときの顔に○をつけてください。

〈時間〉　各20秒

〈解答〉　①左から２番目　②右から２番目　③右から２番目　④左から２番目

［2022年度出題］

アドバイス

お話そのものは日ごろあるような身近な内容で、記憶がしやすく、イメージもしやすいと思います。ですが、話の内容からお子さまに話の一部でも経験があった場合、集中が途切れ、自分の経験とすり替わらないように注意が必要です。この話は夕方ですが、夕日は影が長く映し出すといった理科的なものも含まれており、記憶の問題は、ただ記憶するだけではなく、複合的問題として解答を要求されることがあります。特に当校は簡単なようで注意を要するような出題です。また出題は、テープレコーダーでの出題でしたので、できれば読み手も考慮していくとよいでしょう。記憶は絵本から絵のない本に進み、多種多様な内容を読み聞かせることも視野に入れ練習してください。

【おすすめ問題集】
1話5分の読み聞かせお話集①・②、お話の記憶 初級編・中級編・上級編、
Ｊｒ・ウォッチャー19「お話の記憶」、34「季節」

問題42　分野：図形（回転図形）

〈準 備〉　クーピーペン（赤）

〈問 題〉　①左側の絵を右に１回転がしたときの絵を右から探して○をつけてください。
②左側の絵を右に２回転がしたときの絵を右から探して○をつけてください。
③左側の絵を鏡に映したときの絵を右から探して○をつけてください。
④左側の絵を鏡に映したときの絵を右から探して○をつけてください。

〈時 間〉　各15秒

〈解 答〉　下図参照

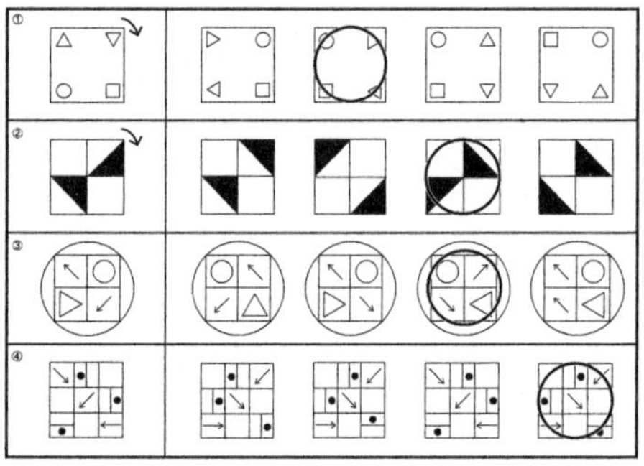

［2022年度出題］

アドバイス

回転したときの特徴を理解させてください。１度回転したときは左右上下どちらかに１つずれます。そのときに注意することは、形や絵の向きです。実際に元の絵を描き動かしてみることが１番理解できるでしょう。必ず位置と絵の向きが変わっていることを説明してください。お子さまにもなぜその答えを選んだのか説明させていけば、理解の度合いがわかってきます。鏡絵や下から見たときも同じように、実際にやってみることをお勧めします。

【おすすめ問題集】

Ｊｒ・ウォッチャー５「回転・展開」、46「回転図形」

問題43　分野：見る記憶

〈準備〉　クーピーペン（赤）

〈問題〉　キリンさん、クマさん、ヤギさん、ゾウさん、イヌさん、ヒツジさんが一列に並んでかけっこが始まります。「よーいドン」の合図で走りだしました。ヒツジさんが先頭です。ところが、途中で転んでしまい、３番目を走っていたゾウさんが先頭になり、そのままゴールしました。足を怪我していたクマさんが、最後のゴールでしたが、頑張って走り、みんなから拍手をもらいました。

（問題43-１の絵を15秒見せてから絵を伏せ、43-２の絵を見せる）
①途中で転んだのは誰でしたか。○をつけてください。
②お話に出てこなかった動物に△をつけてください。
③拍手をもらった動物に□をつけてください。
④飾られていなかった旗の絵に×をつけてください。

〈時間〉　各30秒

〈解答〉　下図参照

［2022年度出題］

アドバイス

簡単な問題ですが、解答の○△□の形に注意してください。簡単で解答が早いということに落とし穴があります。それは書いた記号の形がはっきりしないことです。実際の試験では大きな損失になりますので、侮らないことです。当校は赤のクーピーペンを使用し、間違えたときは二重線を引きます。筆記用具の持ち方をもう一度確かめてください。クーピーペンは力の入れ具合によって芯がつぶれてきます。この問題の半分は聞く記憶、もう半分は見る記憶となっています。見る記憶は、どのような場所でも工夫すれば問題は作れます。ペーパー上では得られない楽しさも生まれるでしょう。

【おすすめ問題集】
Ｊｒ・ウォッチャー20「見る聞く記憶」、51「運筆①」、52「運筆②」

問題44　分野：図形（回転図形）

〈準備〉　クーピーペン（赤）

〈問題〉　左の形を回転させたり、裏返しにしたりしたときにできる形を、右から探して○をつけてください。

〈時間〉　各15秒

〈解答〉　下図参照

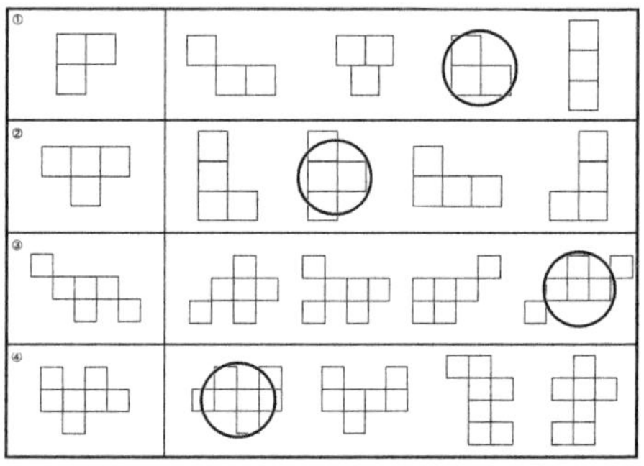

［2022年度出題］

アドバイス

①は上の方に向けて裏返すと右から２番目の形になります。このようにはじめは、実際に形を書いたものを切り取り、動かしてみるとよくわかります。特に図形は実際にやってみることが理解の早道になります。そのときに大切なこととして、はじめは気づかせるためのアドバイスをしてください。次にお子さまが、なぜその答えを選んだのか、お子さま自身に説明してもらうことで、理解の度合いがわかります。

【おすすめ問題集】

Ｊｒ・ウォッチャー20「見る記憶・聴く記憶」

問題45　分野：図形（重ね図形）

〈準備〉　クーピーペン（赤）

〈問題〉　左側に書いてある２枚の絵を●と○の角がぴったり合うように重ねると、右にあるどの絵になるでしょうか。○をつけてください。

〈時間〉　各20秒

〈解答〉　下図参照

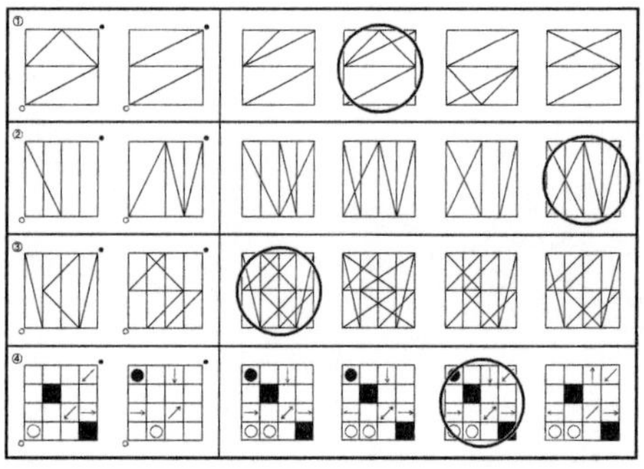

［2022年度出題］

アドバイス

目で追いながら解答していますと、簡単な問題はできても、複雑な問題は追いきれなくなり、ミスの元になってしまいます。しかし、徐々に慣れていけば、お子さま自身で方法を会得していくでしょうが、はじめは、面倒でも左側の形をひとつずつ右側の絵に書き込む方法でやってみてください。③や④のように複雑なものは錯覚を避けるために、はじめは色違いの筆記具かまたは何らかの記号をつけていくのもよいでしょう。受験時には色違いの筆記具というのは不可能ですし、制限時間も決まっています。このような問題は数多くの問題をやってお子さまなりの方法をつかめるようにしてください。

【おすすめ問題集】

Ｊｒ・ウォッチャー35「重ね図形」

問題46 分野：数の構成

〈準 備〉 クーピーペン（赤）

〈問 題〉 ①左上を見てください。２つの皿のりんごを合わせると全部でいくつになるでしょうか。その数だけ下の四角に○を書いてください。
②右上を見てください。左の皿のりんごをいくつか食べて、右の皿にある数になりました。いくつ食べたのでしょうか。その数だけ下の四角に△を書いてください。
③左下を見てください。皿にある数に後いくつあれば、上の星の数と同じになるでしょうか。その数だけ下の四角に○を書いてください。
④右下を見てください。皿にあるみかんを２人で同じ数だけ分けると１人いくつもらえるでしょうか。その数だけ下の四角に△を書いてください。

〈時 間〉 各30秒

〈解 答〉 ①○：11　②△：４　③○：４　④△：７

［2022年度出題］

アドバイス

日頃このような問題は、既に生活の中でやっていることでしょう。おやつを分けるとき、食事の用意をしているときなどを思い出させてください。しかし、コロナ禍の中、お友だちとものを分けたり、もらったりする機会が減っていますので、ご家庭の中で数を意識させるようにしましょう。注意することは解答を記号で書きますので、数が多くなりますと三角の形などは特に判別しにくい形になりがちです。注意しましょう。

【おすすめ問題集】

Ｊｒ・ウォッチャー36「同数発見」、37「選んで数える」、
38「たし算・ひき算1」、39「たし算・ひき算2」、40「数を分ける」、
41「数の構成」、42「一対多の対応」、43「数のやりとり」

問題47　分野：数量（積み木）

〈準 備〉　クーピーペン（赤）

〈問 題〉　それぞれ積んである積み木はいくつの数でできていますか。その数を下の四角に○で書いてください。

〈時 間〉　各30秒

〈解 答〉　①○：9　②○：11　③○：10　④○：6　⑤○：12　⑥○：11

［2022年度出題］

アドバイス

積み木を使用して、問題の形と同じように積んでみるとよいでしょう。積んだ積み木を目の高さにして前面から見ることで、上や前に積んである積み木で、見えなくなっている積み木があることに気づかせてください。このように見えない積み木がなければその形ができないことがわかり、数えもれすることはないでしょう。具体物でしっかり基本を学んでから、ペーパーに移行していきましょう。

【おすすめ問題集】
Ｊｒ・ウォッチャー16「積み木」

問題48　分野：言葉

〈準 備〉　クーピーペン（赤）

〈問 題〉　①コーヒーのように伸ばす音のある言葉の絵に○をつけてください。
②上から読んでも下から読んでも同じ音でできている言葉の絵に○をつけてください。
③ピカピカという言葉が合う絵に○をつけてください
ポトン、ポトンという言葉が合う絵に×をつけてください。
フワフワという言葉が合う絵に□をつけてください。
ガタンゴトン、ガタンゴトンという言葉が合う絵に△をつけてください。
④ここにある絵の言葉をしりとりでつないでいったとき、１番最後になる言葉の絵に○をつけてください。

〈時 間〉　各15秒

〈解 答〉　下図参照

［2022年度出題］

アドバイス

日頃のコミュニケーションや読み聞かせの多少で、語彙数が増え、言葉の使い方も学んでいきます。保護者の方は、お子さまとの会話を心がけてください。また、話すときに丁寧な言葉との勘違いから、「お」のつけすぎや、片言の「あんよ」など、また「イヌ」を擬態語の「ワンワン」などと置き換えて使っていると、お子さまはそれが正しい言葉だと覚えてしまいます。言葉の使い方に注意して会話を心がけてください。

【おすすめ図書】
　Ｊｒ・ウォッチャー17「言葉の音遊び」、21「お話作り」、49「しりとり」、60「言葉の音（おん）」

問題49　分野：複合（常識・知識）

〈準備〉　クーピーペン（赤）

〈問題〉　①1番上を見てください。この中には他の仲間と違うのが入っています。それに○をつけてください。
②2段目を見てください。重さ比べをしています。この中で1番重いものを、右の四角の中から選んで、○をつけてください。
③3段目を見てください。正しいマスクのつけ方をしている人に○をつけてください。
④1番下を見てください。春の季節のものに○、夏のものに×、秋のものに□、冬のものに△をつけてください。

〈時間〉　10分程度

〈解答〉　下図参照

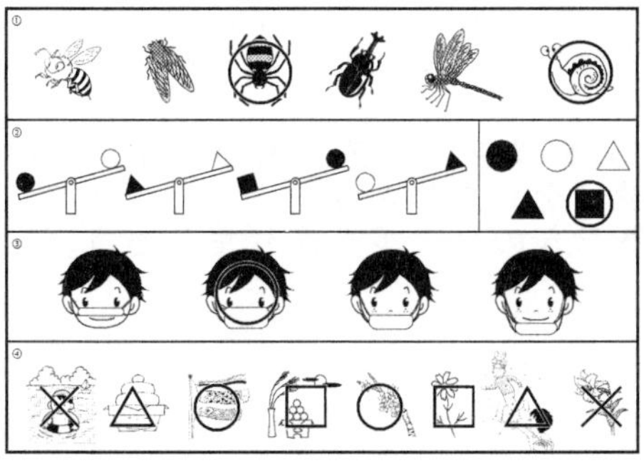

［2022年度出題］

アドバイス

①のカタツムリは陸の巻貝で、蜘蛛は節足動物です。ほかは足が6本の昆虫になります。②の重さ比べは、1度も軽い場所になかったものが1番重く、1度も重い場所になかったものが1番軽いことになりますが、具体物を使って比較しながら順番においていくことで理解できるでしょう。③は昨今の時勢を象徴した問題です。周りをよく見て生活していればわかるでしょう。④の季節の植物はハウス栽培で1年中店頭に並んでいるのと、地方により咲く時期が違うなど、季節感が捕らえにくいところは、図鑑などを利用して正しい知識を学ぶようにしてください。

【おすすめ問題集】

Ｊｒ・ウォッチャー27「理科」、34「季節」、55「理科②」

問題50　分野：複合（制作・行動観察・巧緻性）

〈準備〉　紙皿２枚、割り箸１膳、器に入れた３個のビー玉、お茶碗とナプキン、画用紙に魚の輪郭を描いておく、60cm程度の紐、クリップ、はさみ、輪ゴム、Ａ４程度の紙、新聞紙

机の上に輪ゴム、セロテープを並べておく

〈問題〉　この問題の絵はありません。

①入れ物に入っているビー玉を、箸を使って、紙皿に移してください。

②紙皿に好きなおかずの絵を描きましょう。描き終わったらお茶碗とナプキンを取り、ご飯が食べられるように並べてください。ご飯を食べましょう。食べる前にお祈りをします。さあ食べてください。食べ終わったらご馳走様のお祈りをしましょう。

③割り箸1本で釣竿を作りましょう。割り箸の片方に紐をセロテープで止めます。紐の片方には、クリップをつけて釣竿を作りましょう。
画用紙の魚を切ってください。目の近くに輪ゴムを釣竿に引っかかりやすいようにセロテープで貼り付けます。できたらみんなで魚釣りをしましょう。（数人でやる）

④紙を２cmくらいの幅で折り、端と端をセロテープで止めて輪投げ用の輪を作りましょう。できたらみんなで輪投げをしましょう。

⑤新聞を使ってキャッチボールをするときのボールを作りましょう。

〈時間〉　①⑤各２分、②適宜、③④各５分

〈解答〉　省略

[2022年度出題]

アドバイス

今年度の当校の制作は、７～８人のグループで行われました。１人で作り1人で遊ぶ、グループで遊ぶ、の２パターンの行動観察が行われたようです。その中で、道具の使い方、片付け、面識がないお友だち同士間での協調性、制作中の様子、失敗しても最後までできたか、などが観察されています。日頃何かをやったときの道具の使い方、後片付けなどはどうでしょうか。またお友だち同士で遊んだときなど、気に入らないときはどのような態度をとっているのか、他人のせいにしていないかなど知ることが大事なことです。何かをやった後の感想をお子様と話し合うことで、気付かなかったことも見えてくるのではないでしょうか。

【おすすめ問題集】

実践 ゆびさきトレーニング①②③ 、Ｊｒ・ウォッチャー22「想像画」、
23「切る・貼る・塗る」、25「生活巧緻性」、56「マナーとルール」

問題51　分野：複合（運動・行動観察）

〈準備〉　問題50の⑤で作ったボール

〈問題〉　この問題の絵はありません。

①ボールを上に投げて、３回手をたたいてボールを取ります。これを２回続けてやりましょう。
②先生とキャッチボールをしましょう。

〈時間〉　適宜

〈解答〉　省略

［2022年度出題］

アドバイス

制作で作ったボールを使用しての、行動観察や運動機能の観察です。２～３人で行います。ボールを上に上げて３度手をたたいて取るので、３度手をたたける高さを考えて投げなければ取り損ねる場合も出てきます。思い切り行うことが大切です。もし失敗しても、失敗を何かのせいにすることはタブーです。行動の一連がうまくいかなかったときの態度、また逆にうまく言ったときの態度はどうすればよいのかお子さまと話し合っておくとよいでしょう。どのような行動をとればよいのか、この先の考えや行動にも結びついて成長していくでしょう。

【おすすめ問題集】

新運動テスト問題集、Ｊｒ・ウォッチャー28「運動」

問題52　分野：複合（運動・行動観察）

〈準 備〉　40cm間隔で床に線を引いておく

〈問 題〉　**この問題の絵はありません。**
①はじめは、足をグーにします。次に、足をパーにして次の線に進みます。グー、パー、グー、パーを繰り返しながら進んでいきましょう。
②次に、手も使います。はじめは、足はグーで手をパーにします。次に進むときは、足がパーで手はグーにします。このように繰り返しながら進んで行きます。
③行きは、スキップをしながら進みます。上げた足の下で手をたたきながら進んでください。帰りは、ケンケンをしながら進み、途中で１回回ってください。

〈時 間〉　適宜

〈解 答〉　省略

［2022年度出題］

アドバイス

運動は出来がよいかどうかも観察の対象となりますが、それ以前に体力、運動機能、待機時の行動が観察の主流と思われます。間違っても、できなくても最後まで努力を怠らないことがポイントで、身につけておくことです。このことは、今現在のことだけではなく、先々のことまで影響する大切なことです。練習するときは、はじめに移動せず、手と足の動きがスムースにできるようになってから、移動に移してみてはどうでしょうか。
運動問題では、ケンパーをして進み、途中で1回転する、ゆっくり進む、早く進むなどの指示や、スキップをしながら進み、足元で手をたたく、など途中でさまざまな指示が出たようです。指示をよく聞いて行動できるようにしましょう。

【おすすめ問題集】
新運動テスト問題集、Ｊｒ・ウォッチャー28「運動」

問題53　分野：面接（保護者面接）

〈準 備〉　面接官は１名、他に筆記担当者が１名。

〈問 題〉　**この問題の絵はありません。**
・子どもに当校をどのように伝えていますか。
・夫婦でお互いのよいところ、尊敬するところを言い合ってください。
・子どもが買い食いをしたとき、どう対応していますか。
・ご家庭で大切にしている言葉はなんですか。
・男子校についての考えと私立校のデメリットを聞かせてください。
・子育てで大変なことはなんですか。
・このコロナの状況で幼稚園ではどのような対応をしていましたか。
・仕事をしている上で子どもに伝えたいことは何ですか。
・学校でトラブルがあり、先生と子どもとの話にくい違いが合ったとき、どのように対応しますか。

〈時 間〉　５分程度

〈解 答〉　省略

［2022年度出題］

アドバイス

面接時間は10分程度です。ほとんどのご家庭は、両親そろって面接に臨まれたようです。面接は緊張するものですが、緊張しているときに、回答に窮するような質問をされても、美辞麗句にこだわらず、素直にご自分の考えを話されるとよいでしょう。学校側では、ご両親がどのような考えで子育てをされているのか、当校に対してどのような考えで希望されたのか、家庭生活の様子などを把握しておきたいのでしょう。日頃、生活する上で親子間、保護者間のコミュニケーションを大切にして、意思の疎通を図ることを心がけておきましょう。

【おすすめ問題集】
新・小学校面接Q＆A、入試面接最強マニュアル

問題54　分野：保護者作文

〈準 備〉　筆記用具、記入用紙

〈問 題〉　**この問題の絵はありません。**
（アンケート用紙は500字の原稿用紙で出願時に提出する）
登校中の児童が騒いでいます。近くに保護者がいますが、注意をしません。この様子を見てどのように思いますか。また、その場でどう対応しますか。理由を書いてください（500字以内）。

〈解 答〉　省略

［2022年度出題］

アドバイス

保護者作文は試験として行うのではなく、出願時に提出します。出願時に提出するので、特に時間制限があるわけではない上、それほど難しいテーマではないので、時間をかければそれなりの文章は書けるでしょう。ここでは、保護者の子育てに対する考え方を観ていると思ってください。よほど突飛な意見でなければ問題ないと思いますが、保護者間でよく相談の上、書くようにしてください。保護者面接の際に、この保護者作文について聞かれることはまずありません。しかし、学校側が面接という短時間では充分に汲み取れない、保護者の考え方を知るために大切な資料です。適当に書くことなく、テストの一貫だと思って取り組んでください。

【おすすめ問題集】
新 小学校受験 願書・アンケート・作文文例集500

問題 1

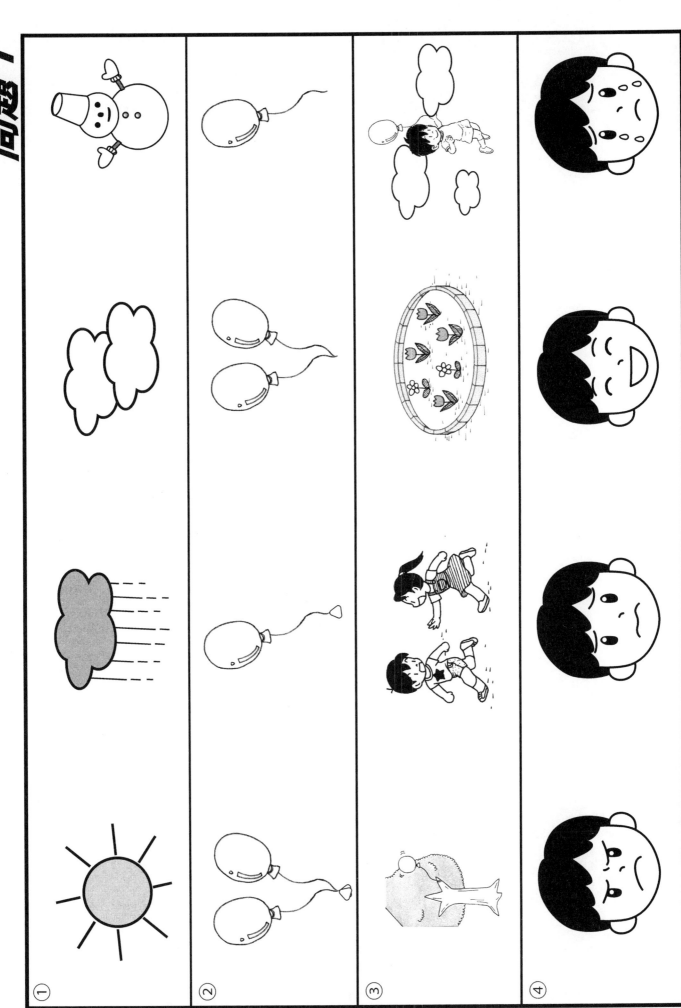

①

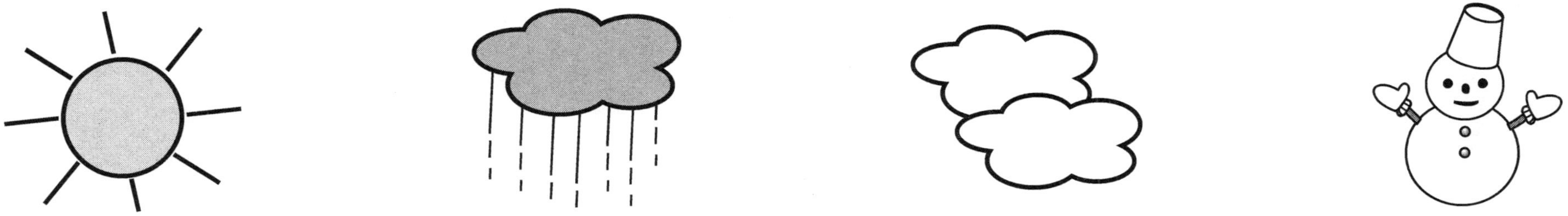

②

③

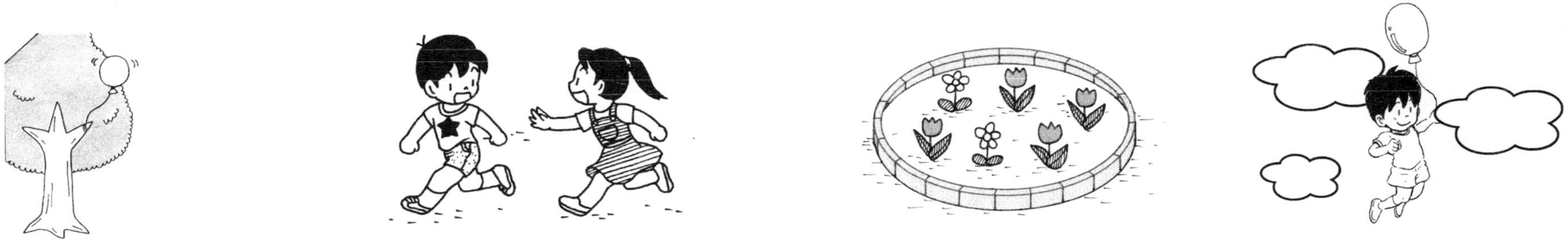

④

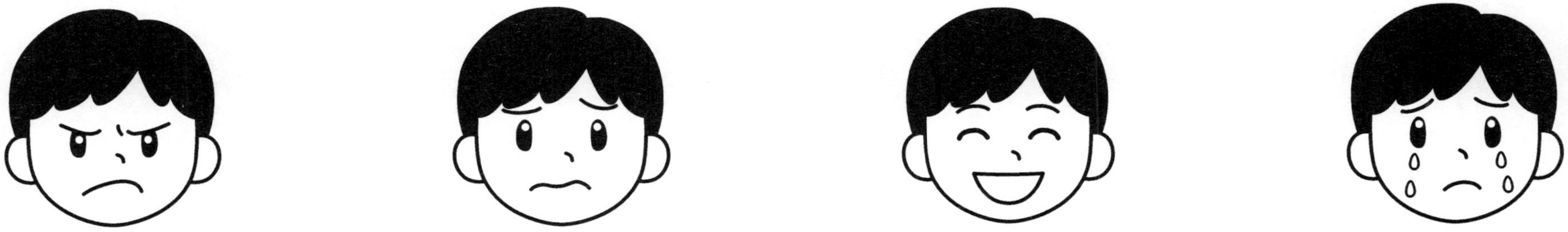

問題2－1

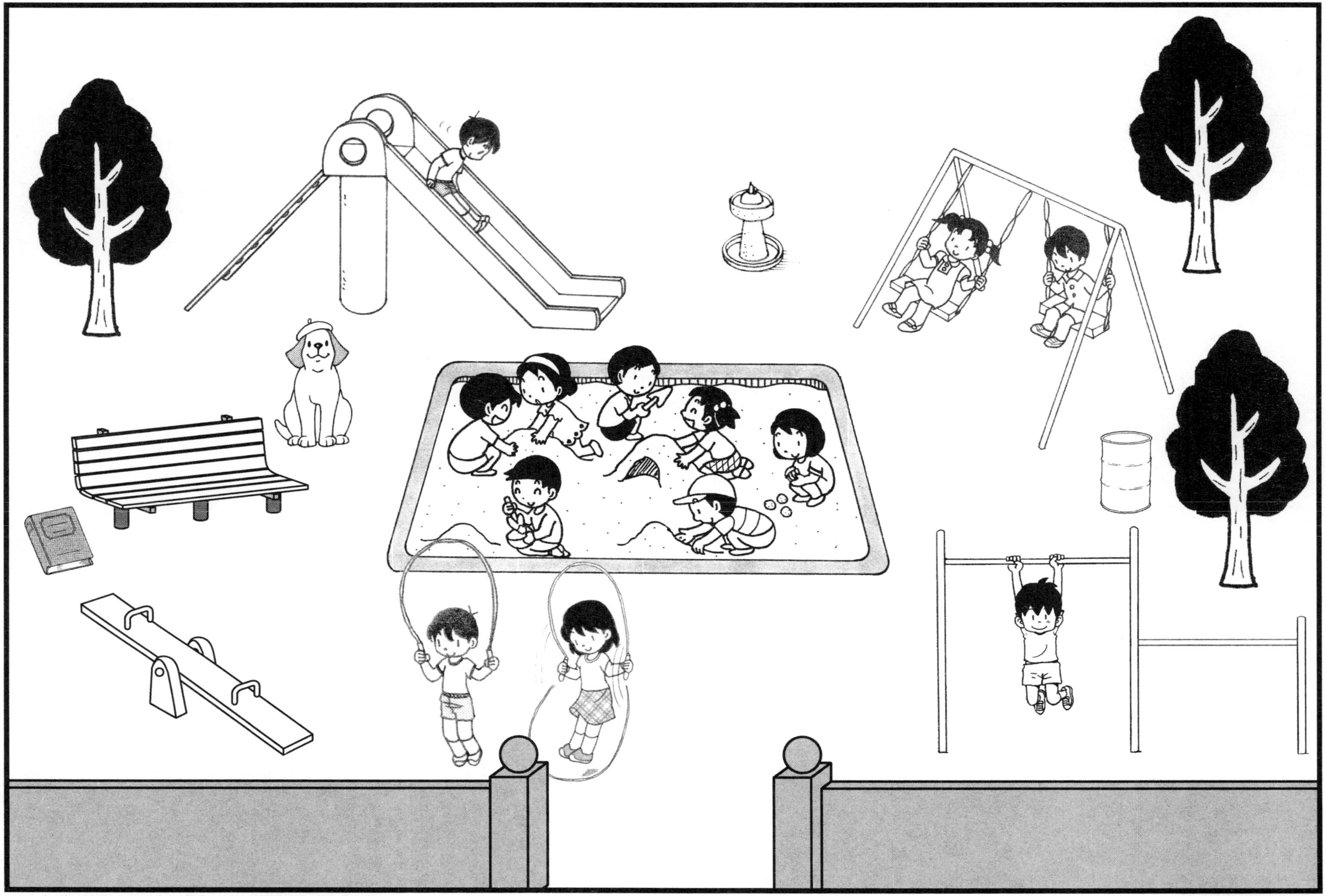

問題 2 − 2

①

②

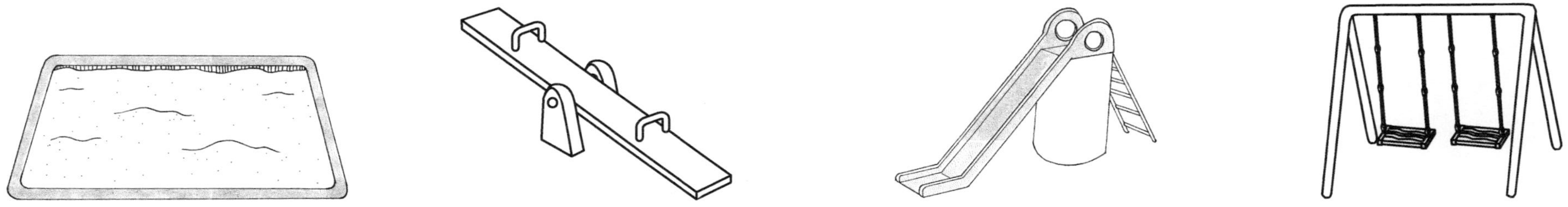

③

④

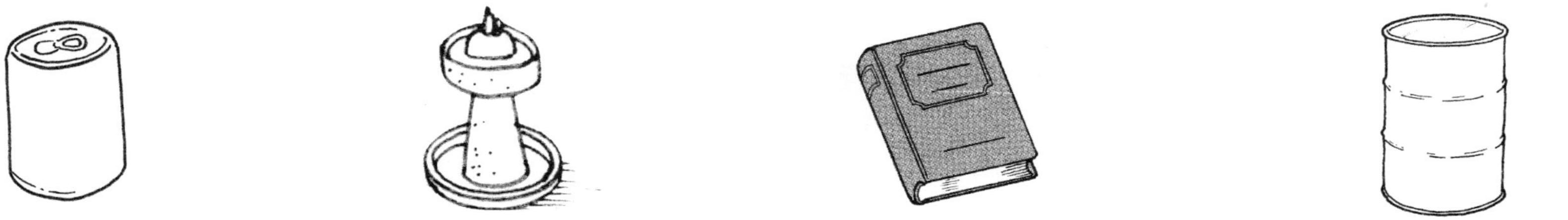

問題3

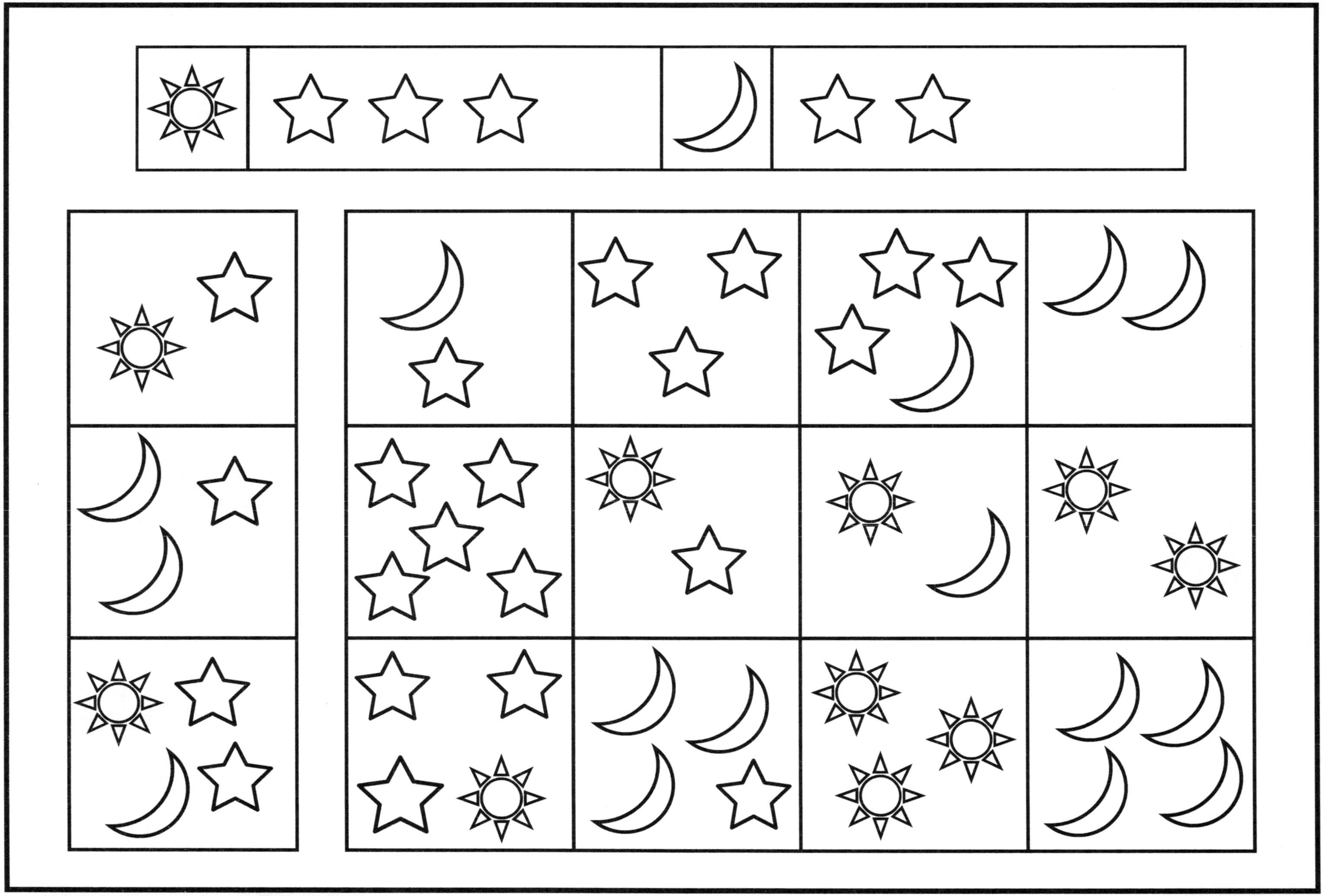

問題4

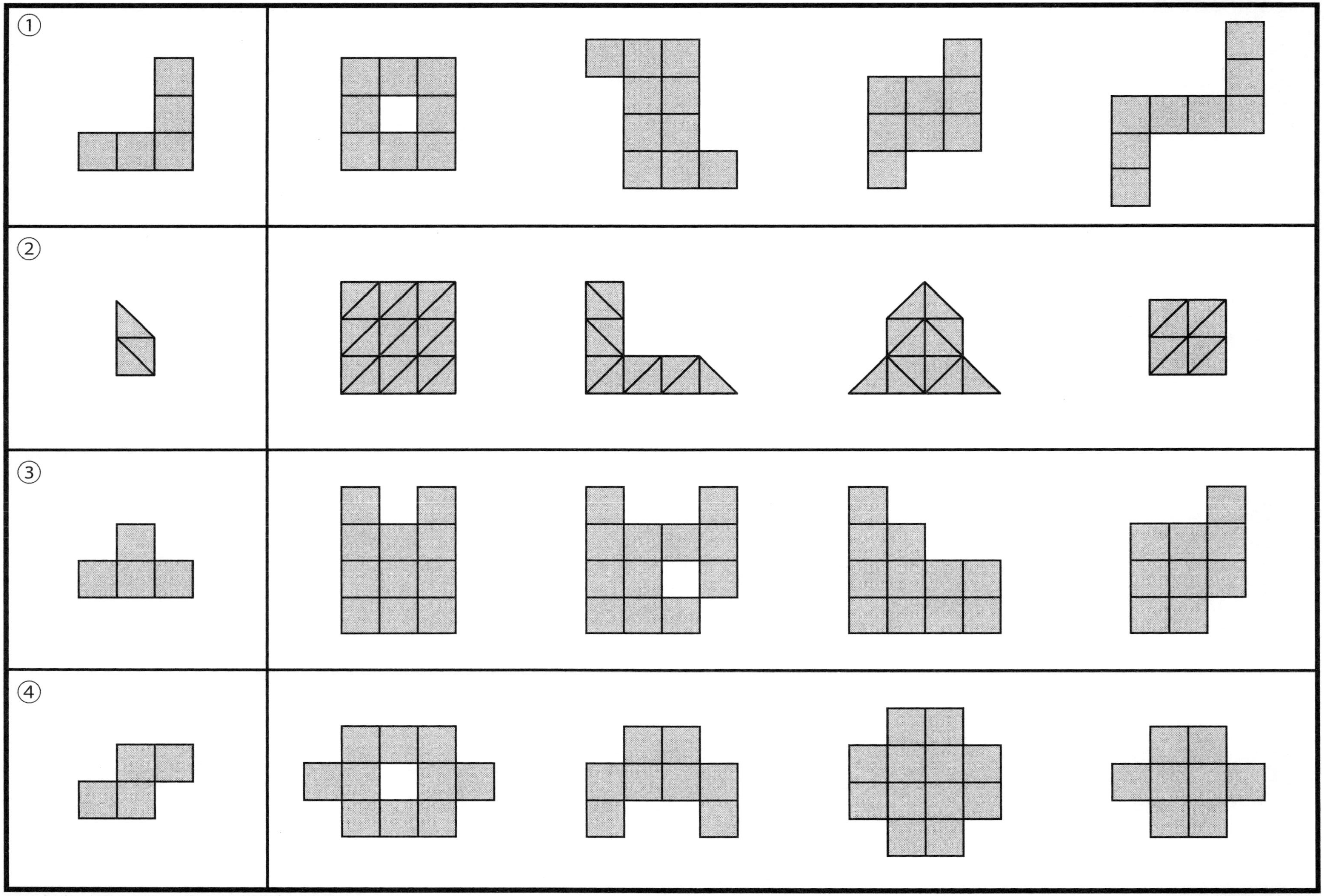

問題5

①

②

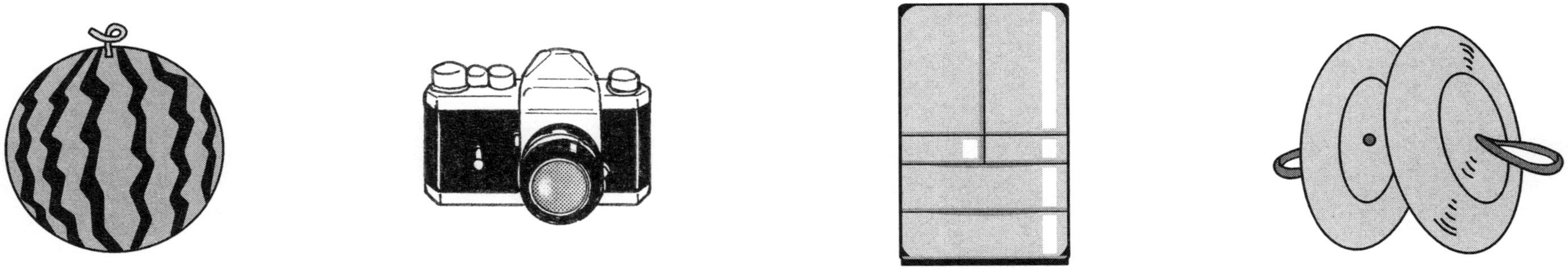

③

④

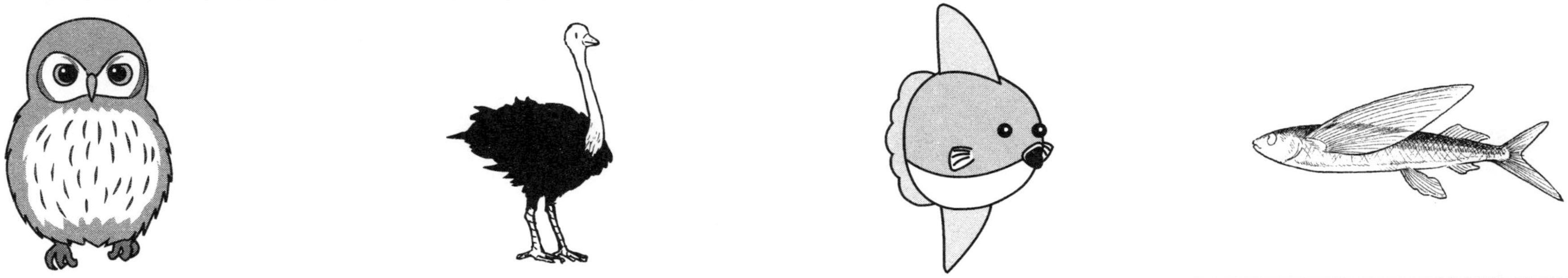

2025 年度 暁星小学校 過去 無断複製／転載を禁ずる　　日本学習図書株式会社

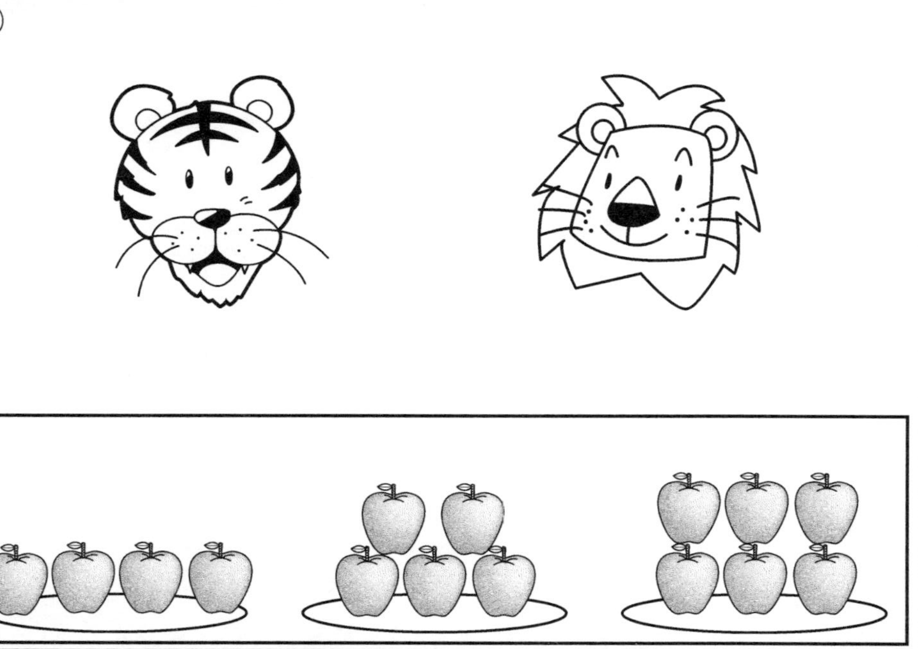

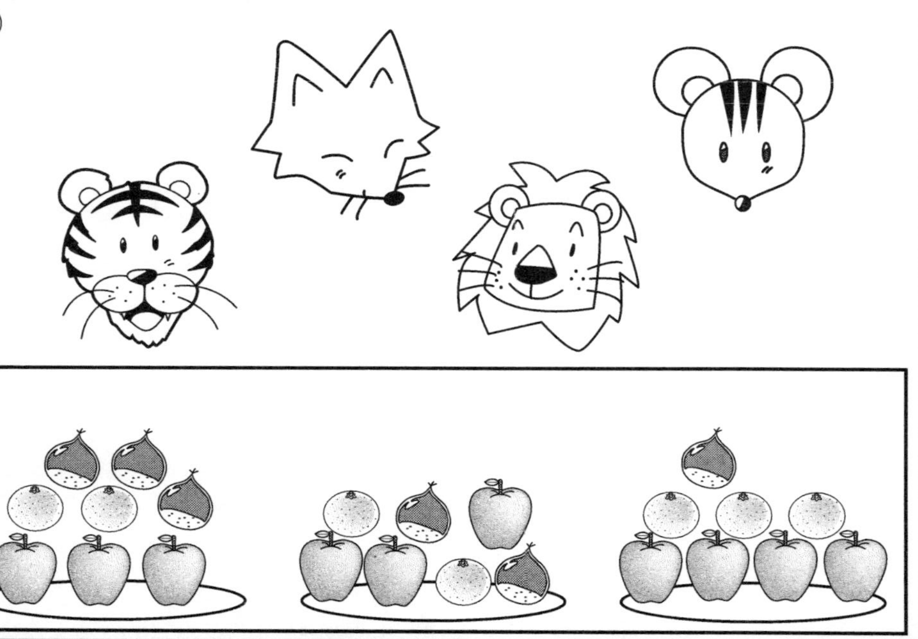

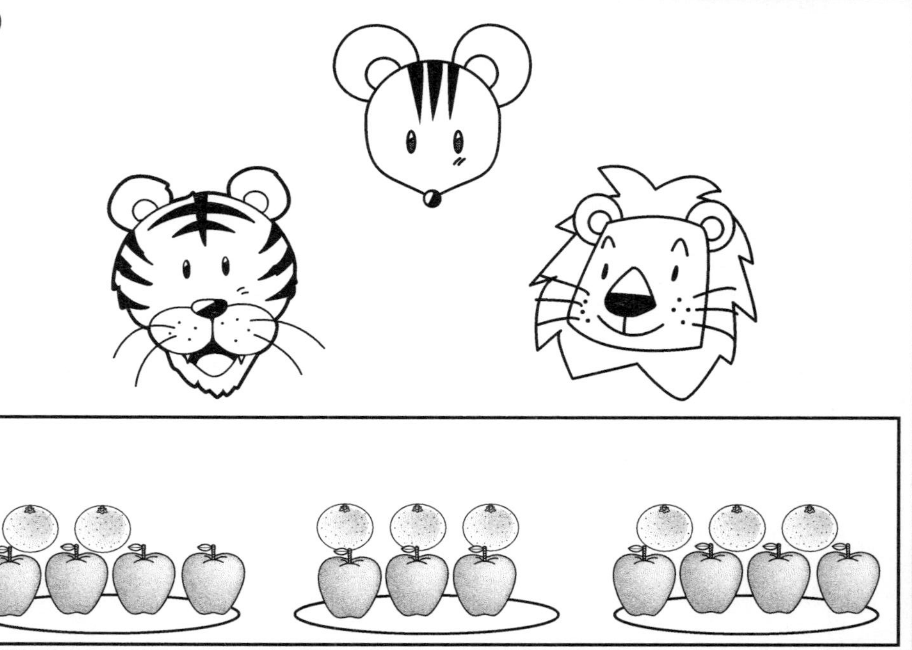

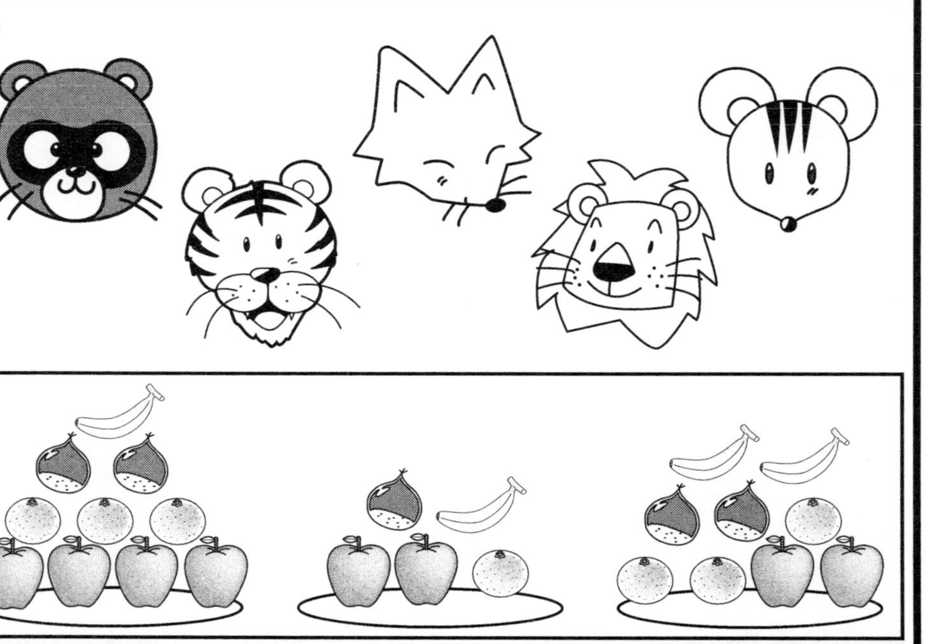

③ ☆

④ ◎

① △

② ♡

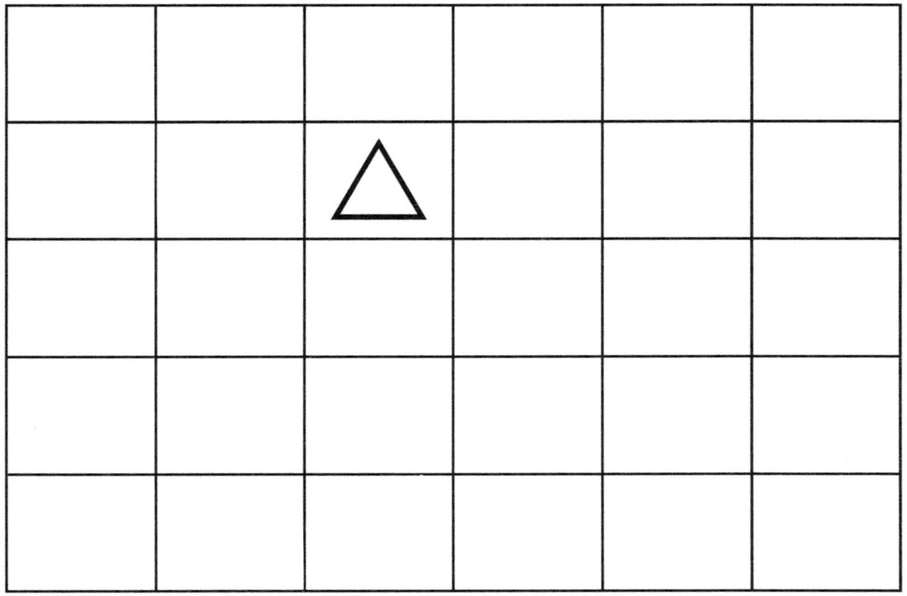

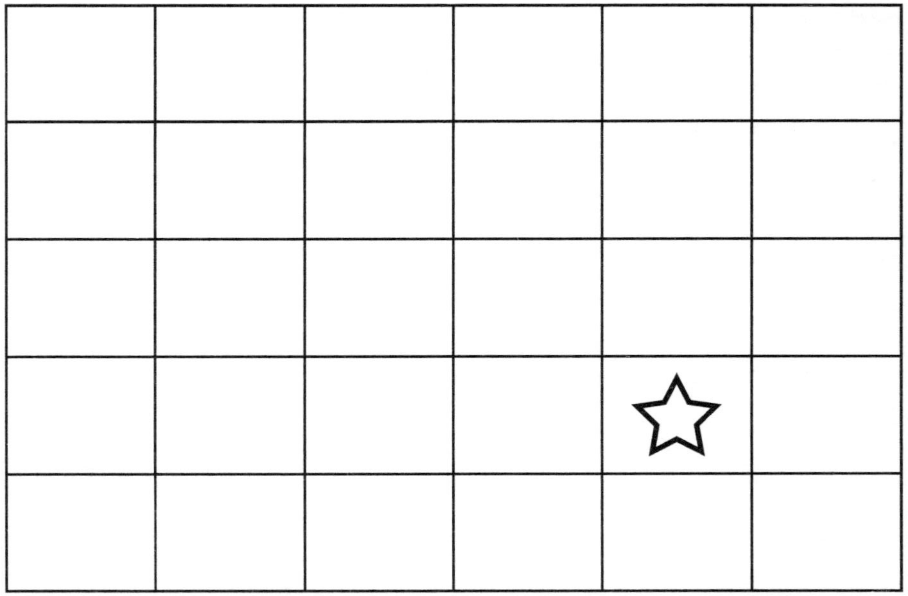

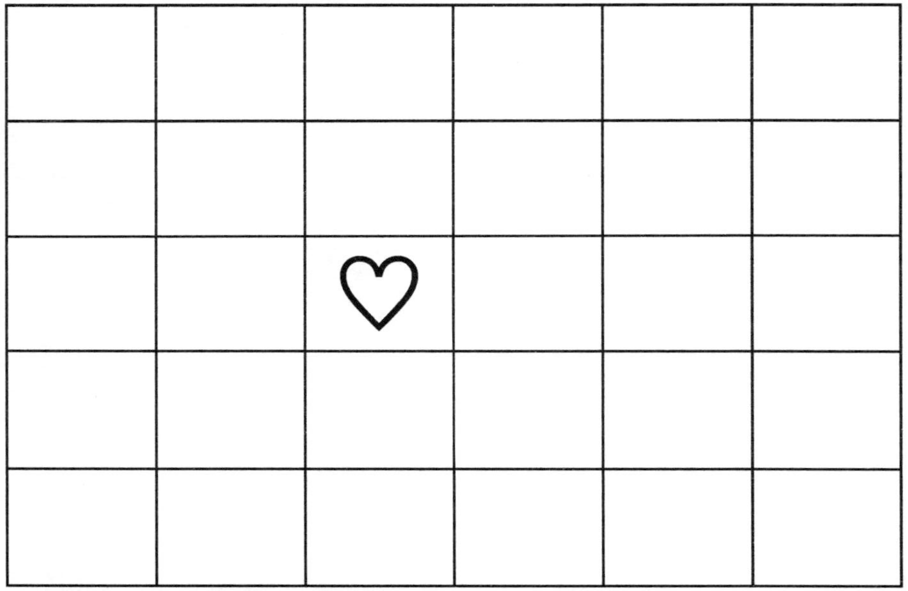

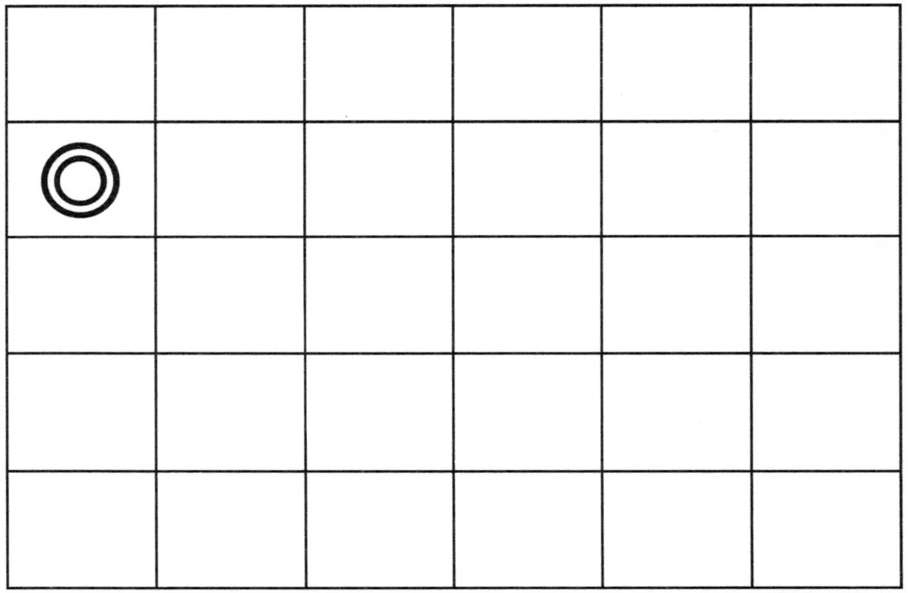

問題8

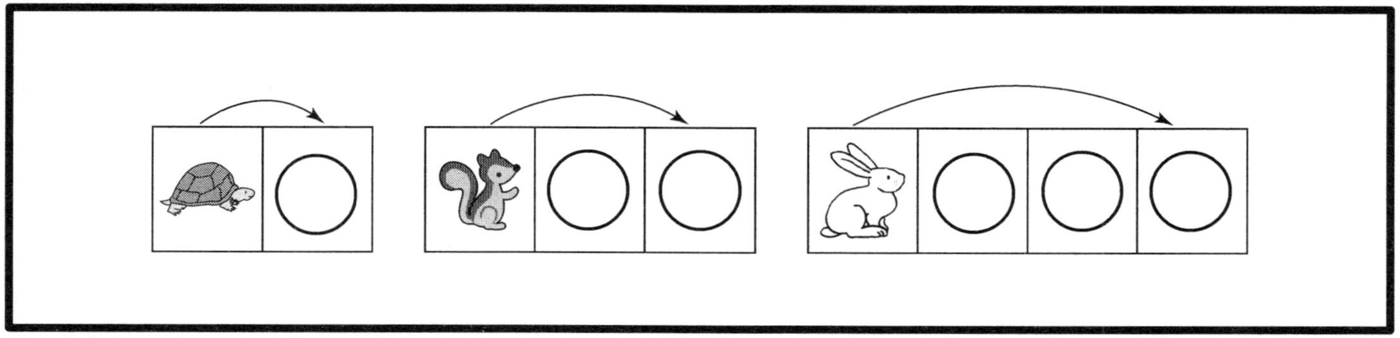

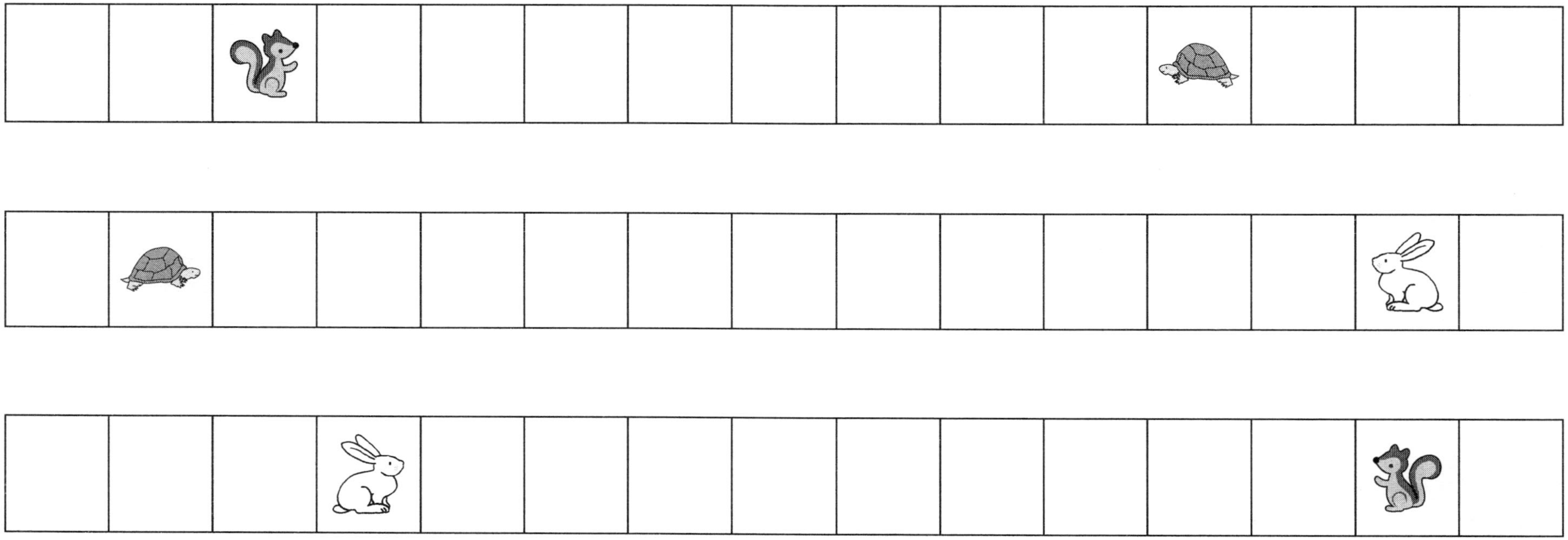

2025 年度 暁星小学校 過去 無断複製／転載を禁ずる 日本学習図書株式会社

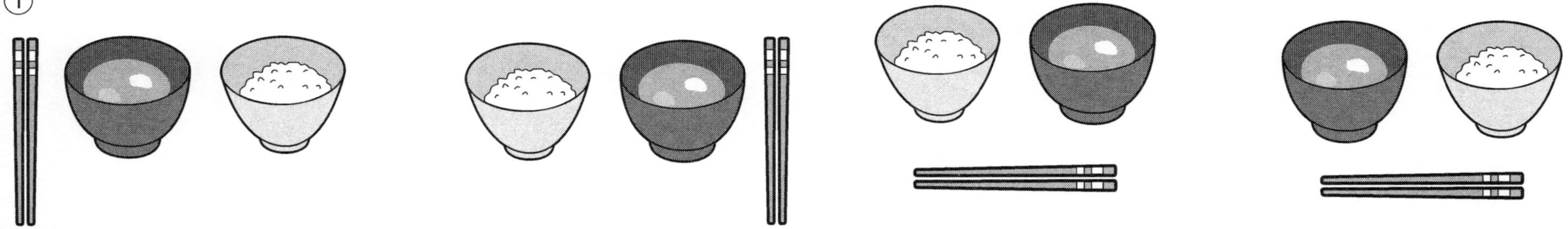

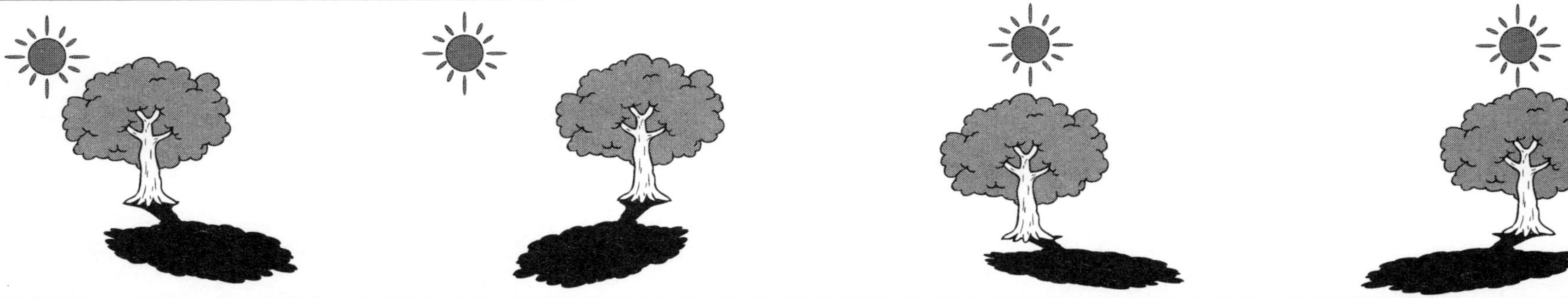

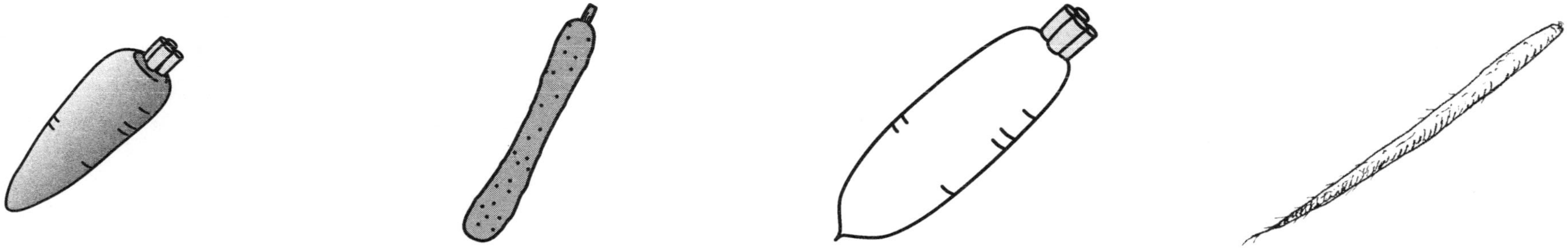

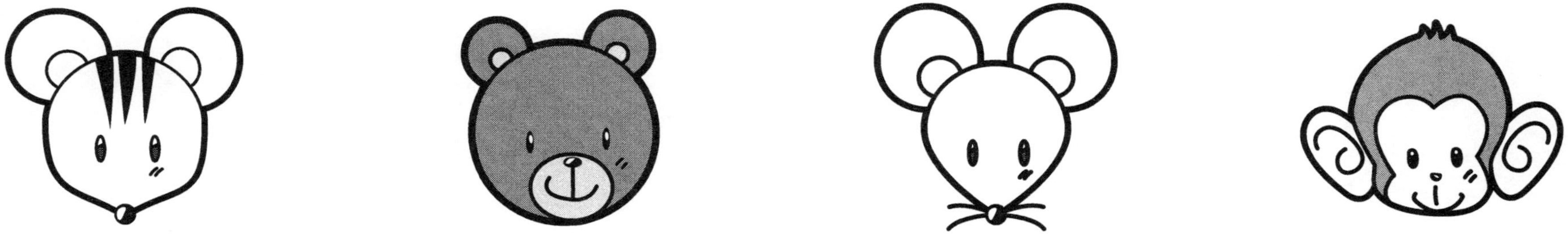

日本学習図書株式会社

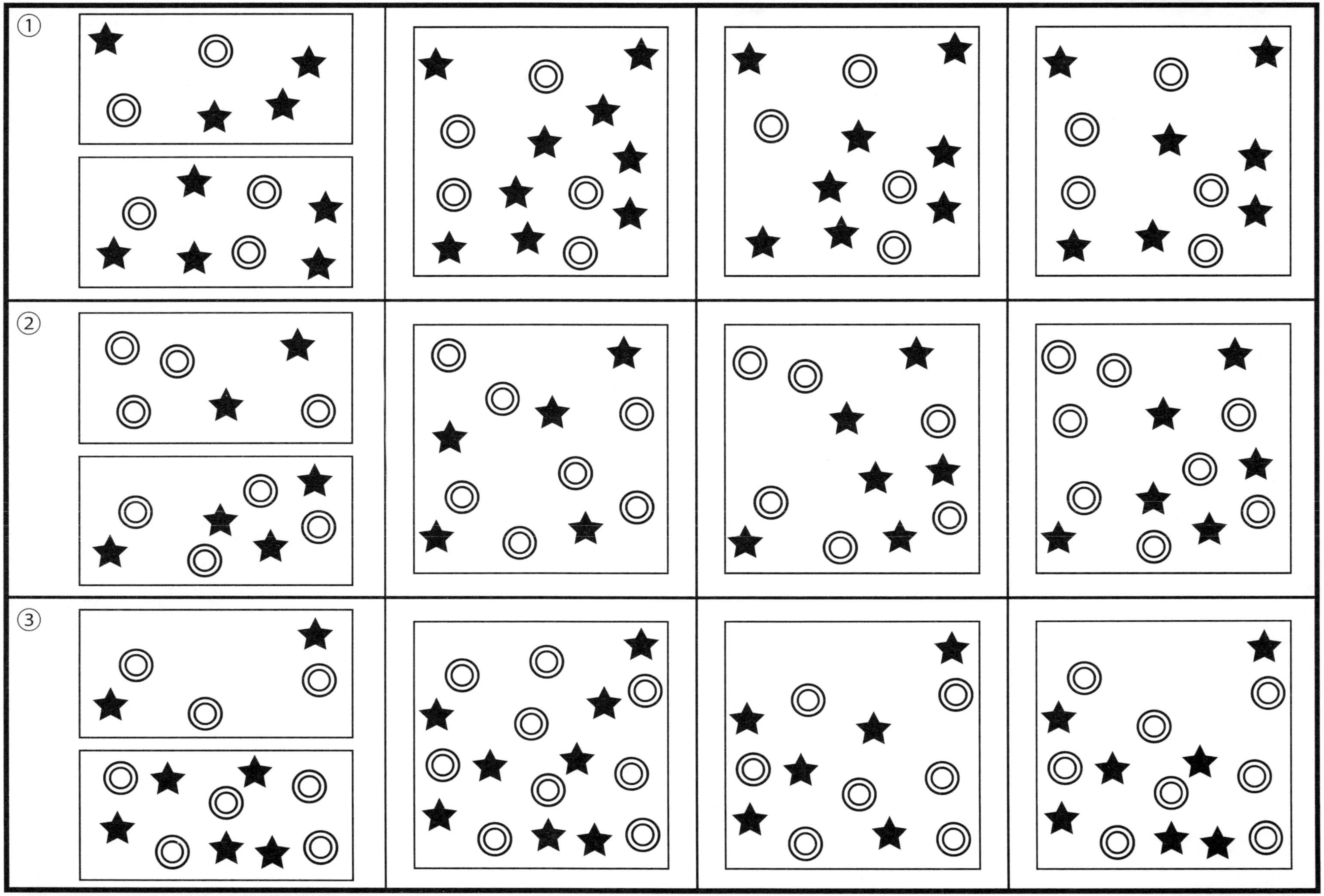

2025 年度　暁星小学校　過去　無断複製／転載を禁ずる　　日本学習図書株式会社

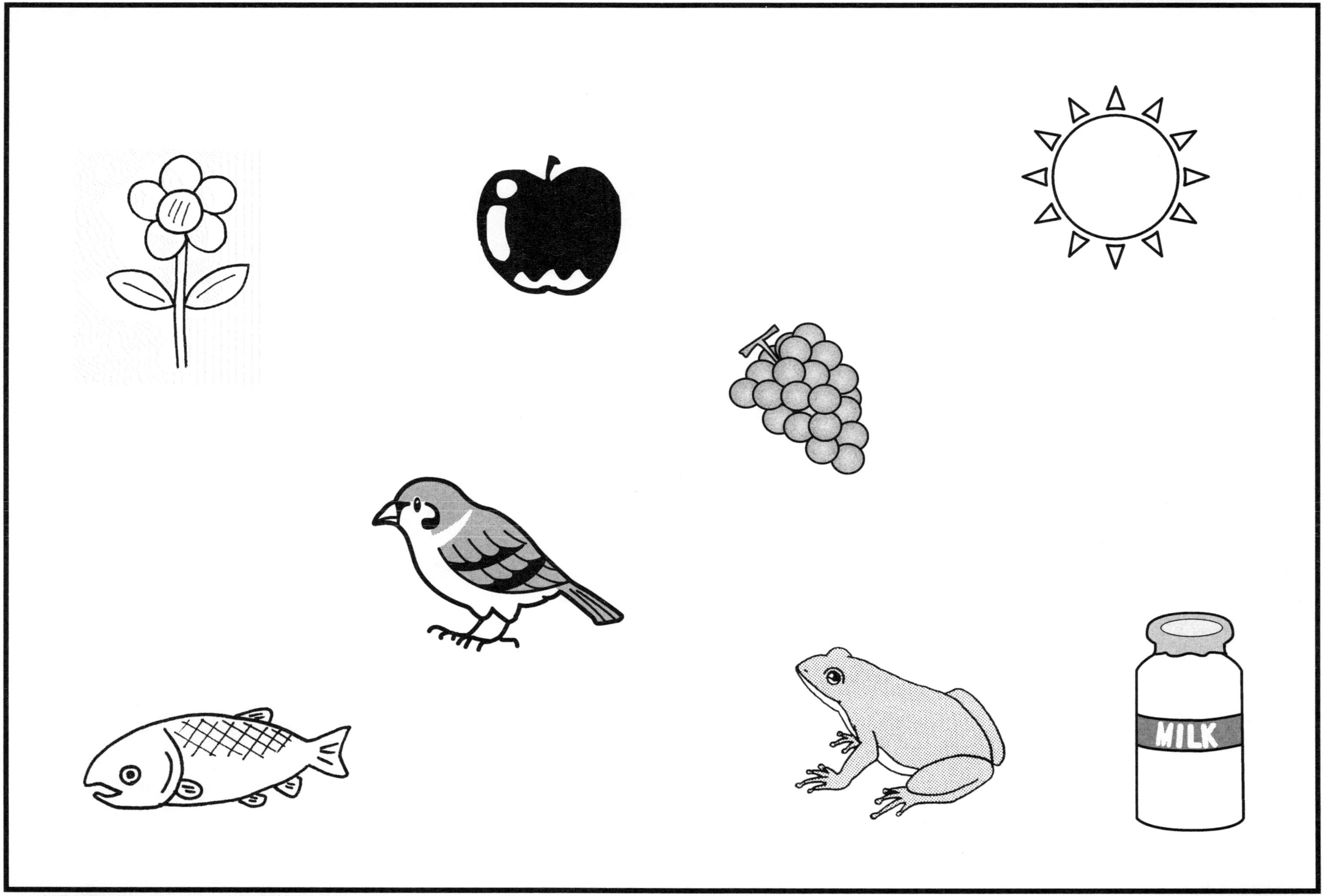

問題１２

お手本

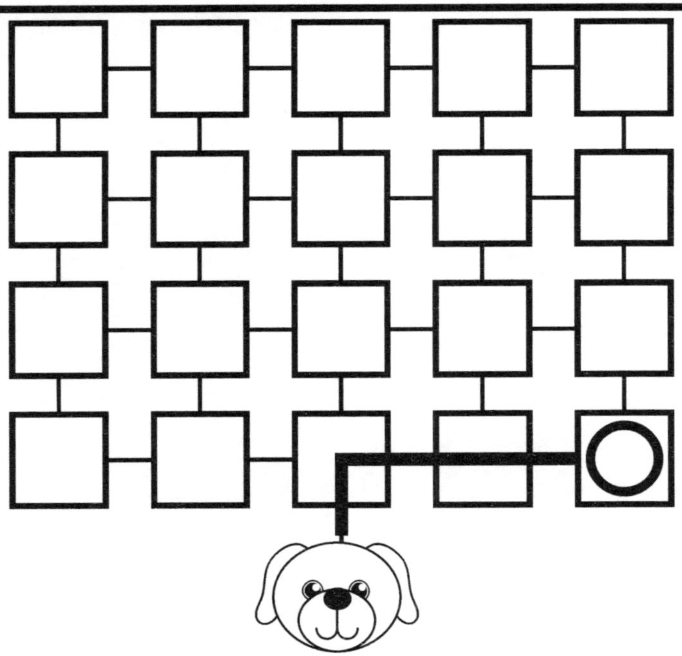

①

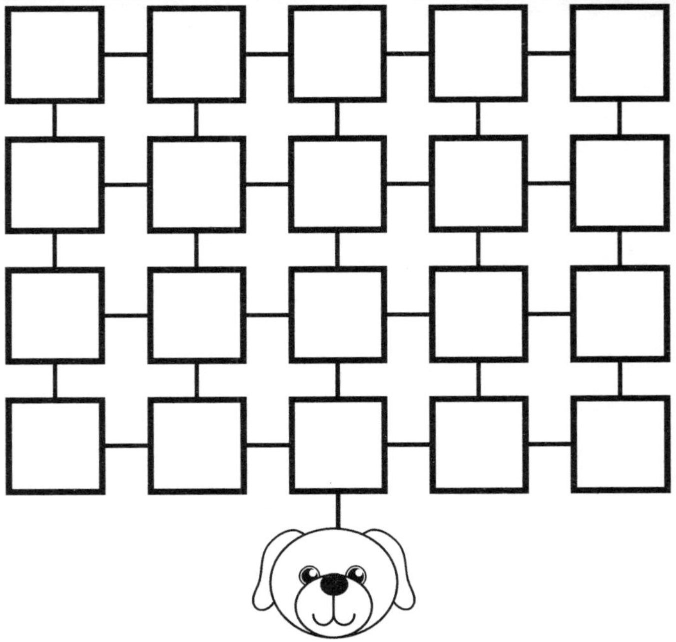

練習

②

問題１４

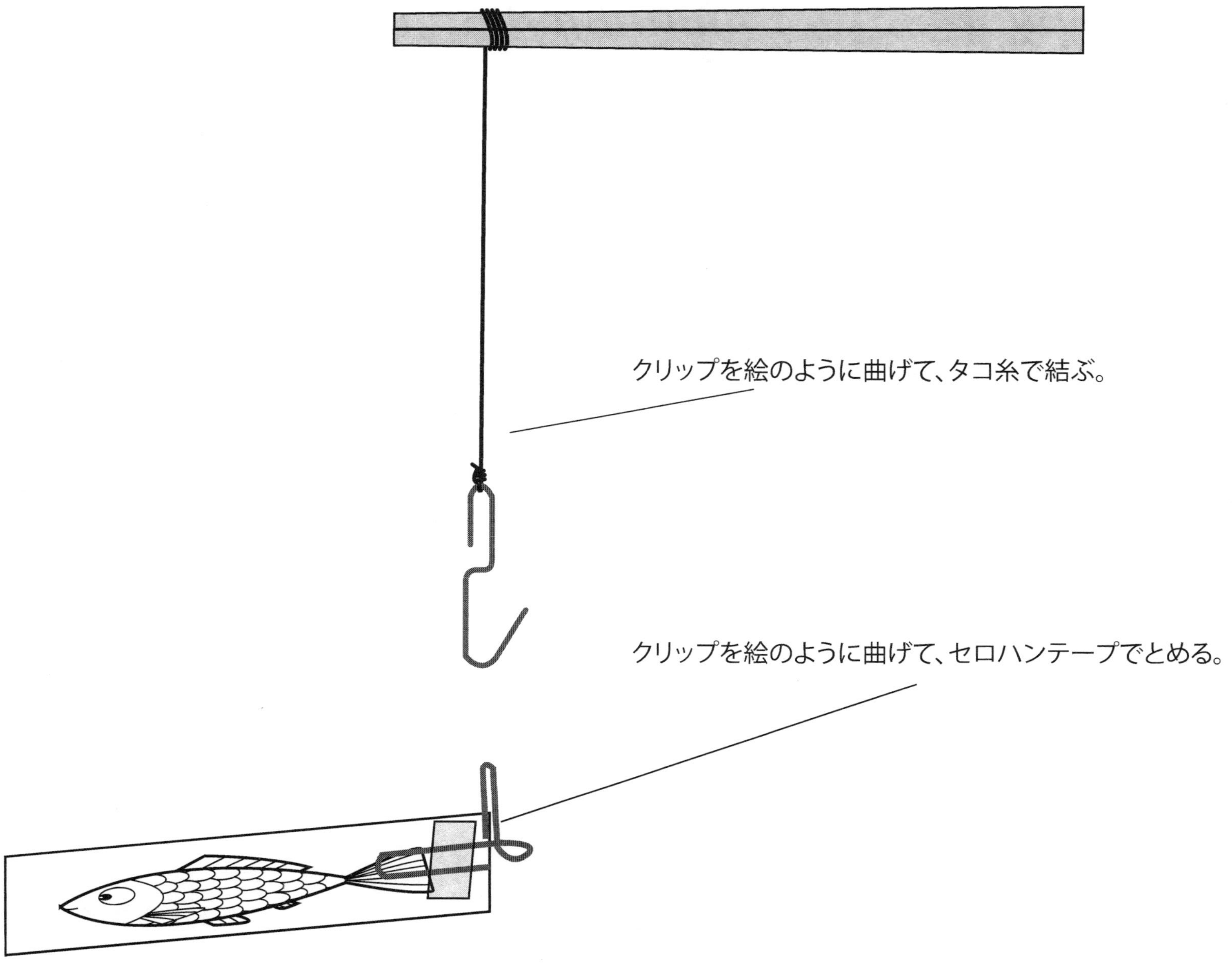
クリップを絵のように曲げて、タコ糸で結ぶ。
クリップを絵のように曲げて、セロハンテープでとめる。

問題15

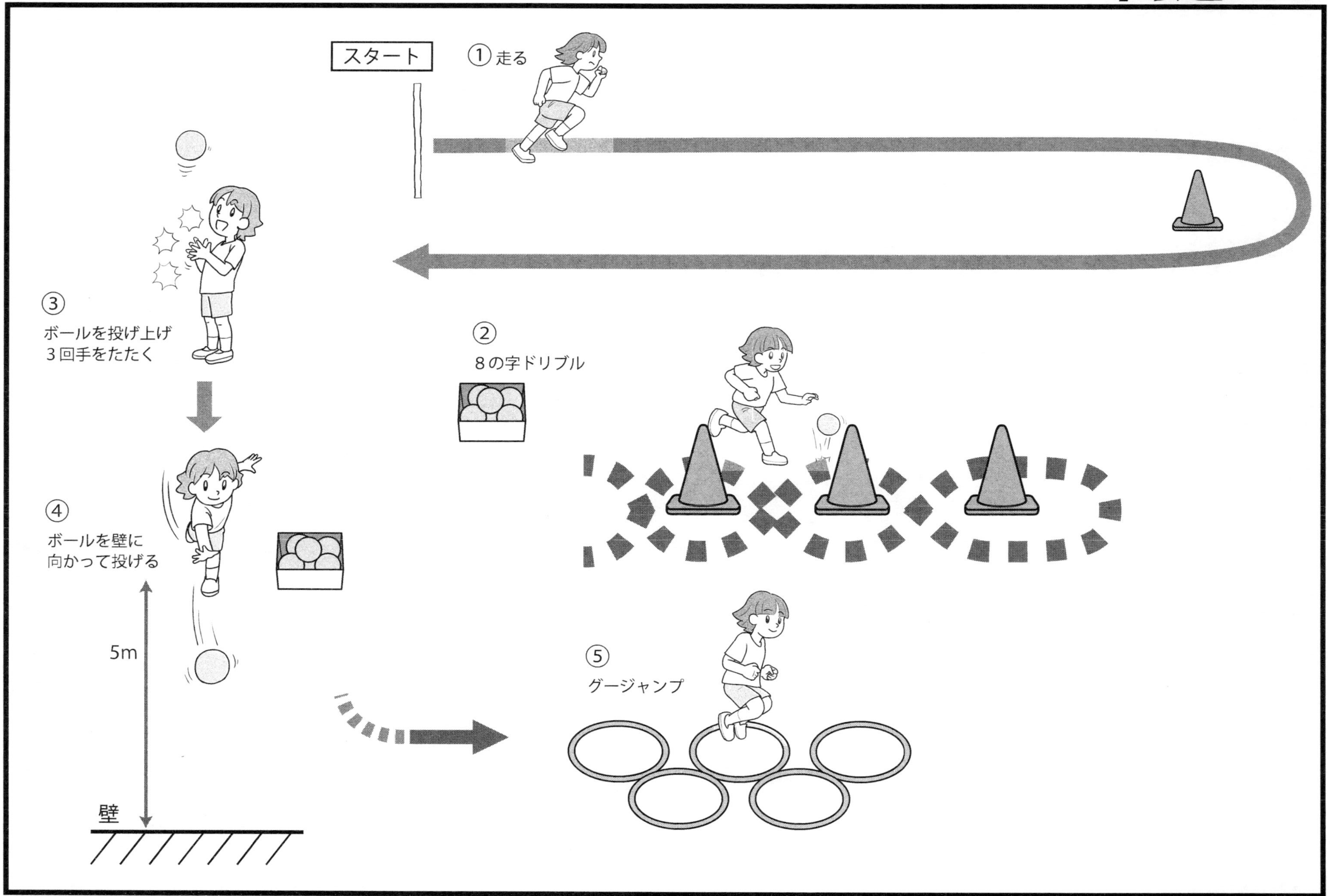

スタート
①走る
③
ボールを投げ上げ
3回手をたたく
②
8の字ドリブル
④
ボールを壁に
向かって投げる
5m
壁
⑤
グージャンプ

問題16－1

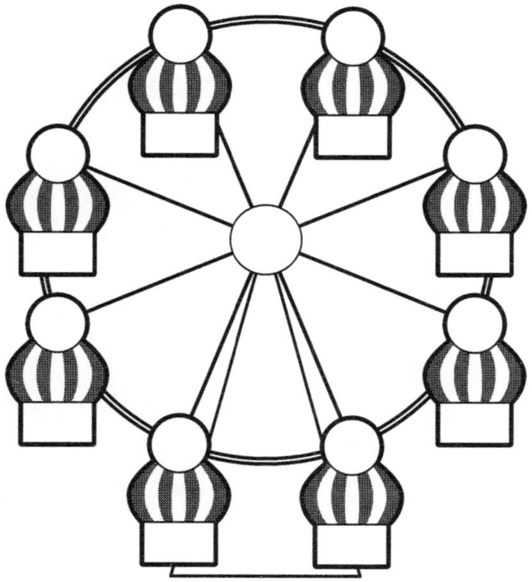

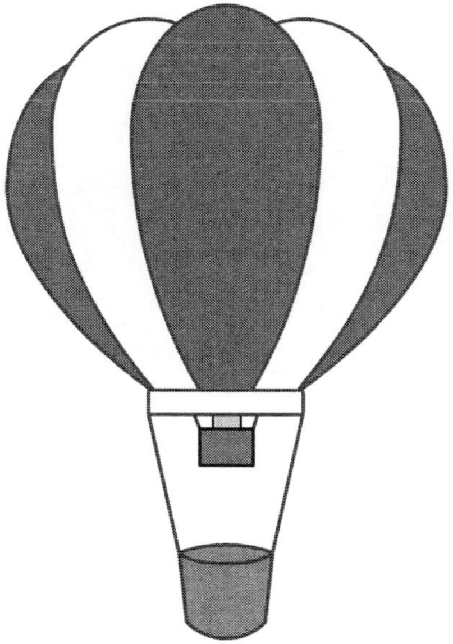

問題１６－２

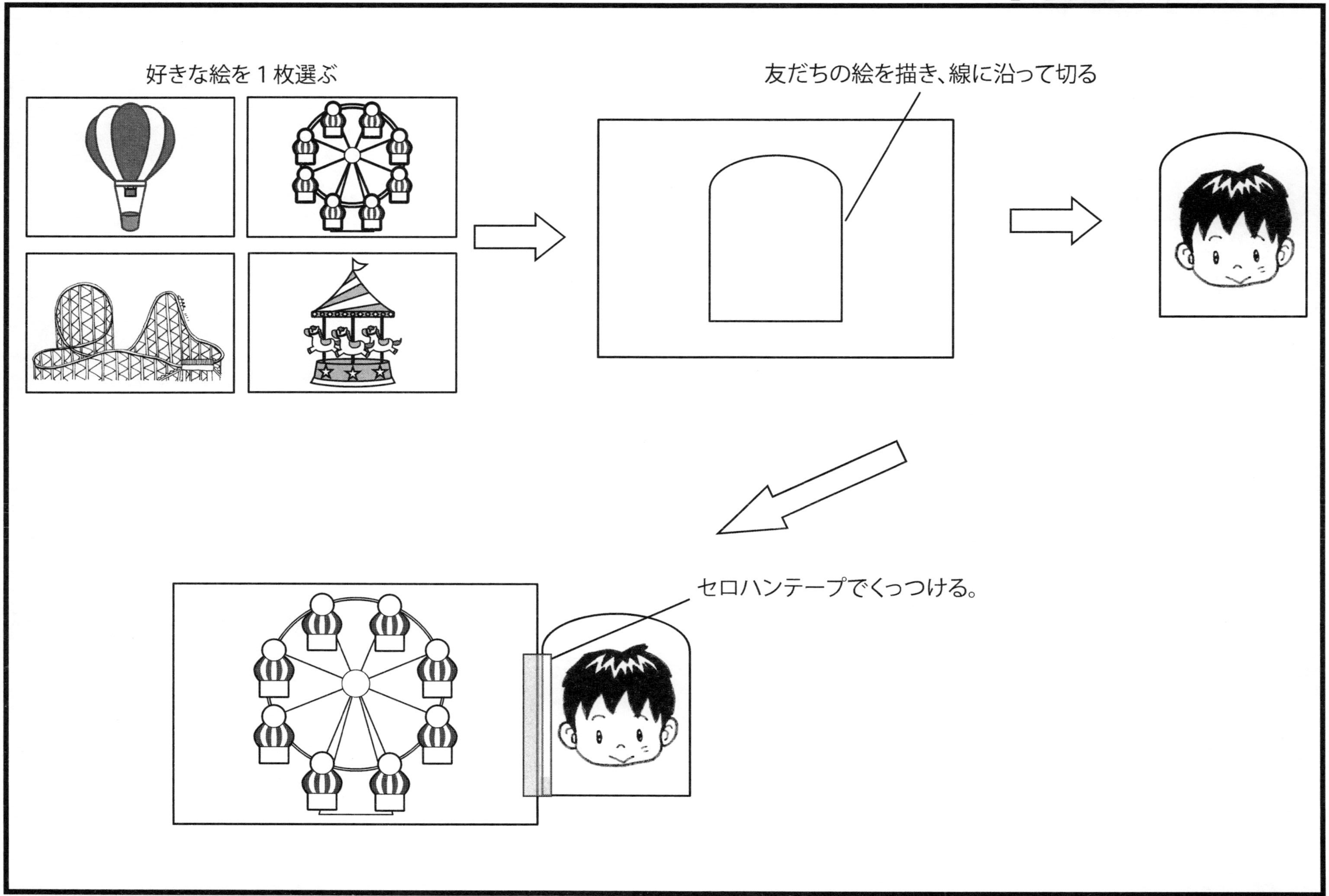

好きな絵を１枚選ぶ
友だちの絵を描き、線に沿って切る
セロハンテープでくっつける。

問題１９

①

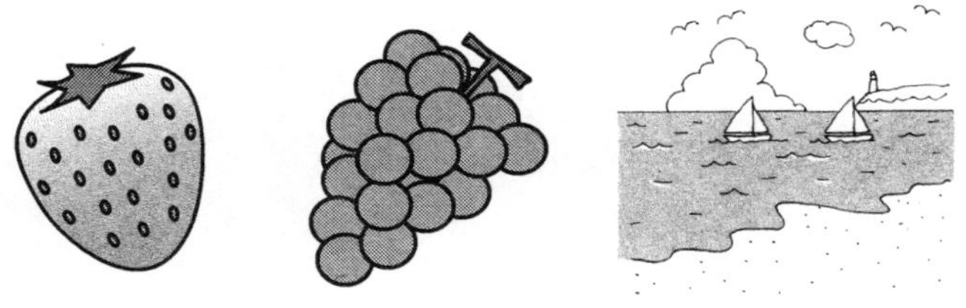

②

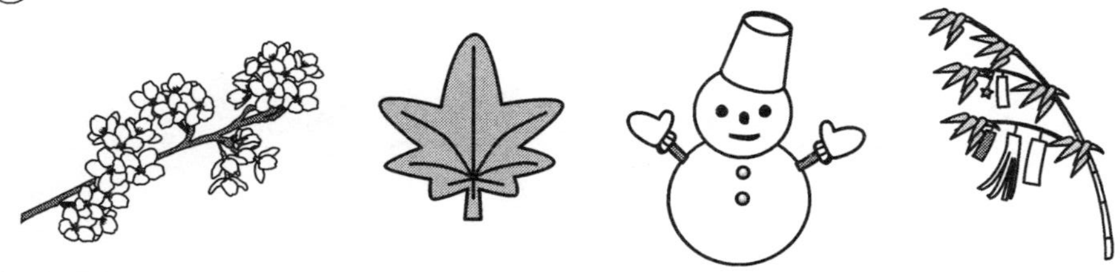

③

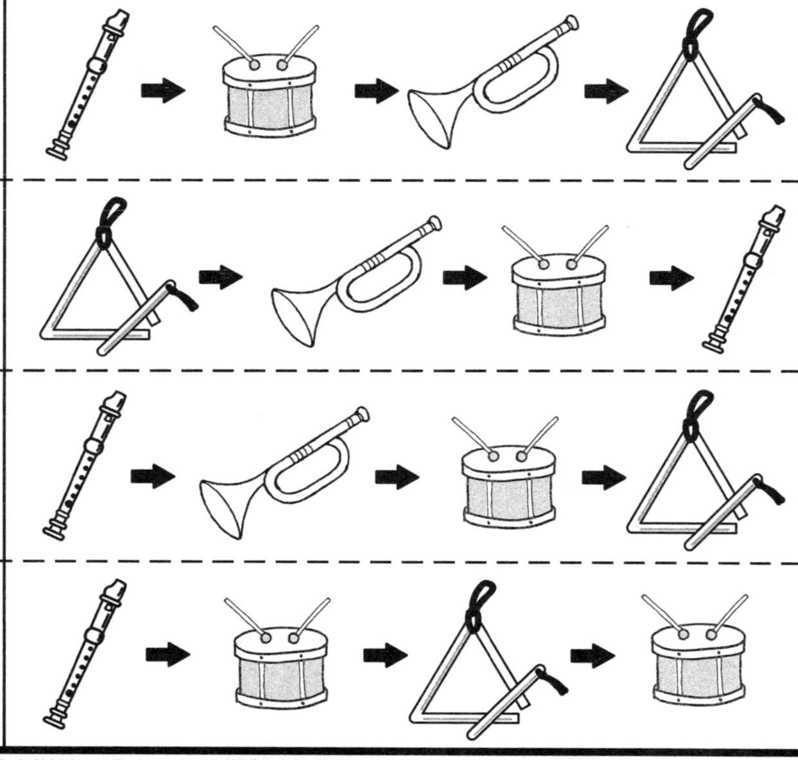

④

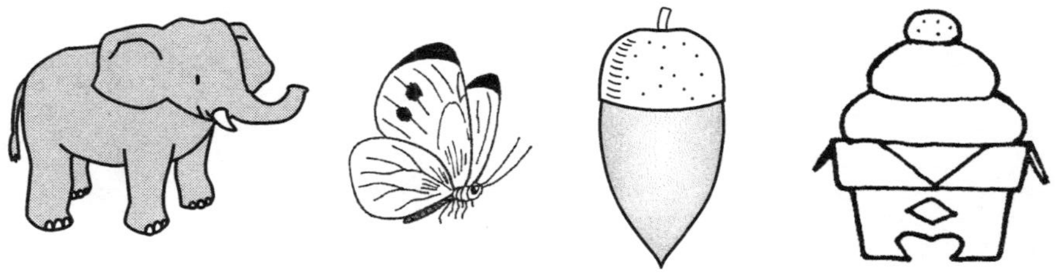

⑤

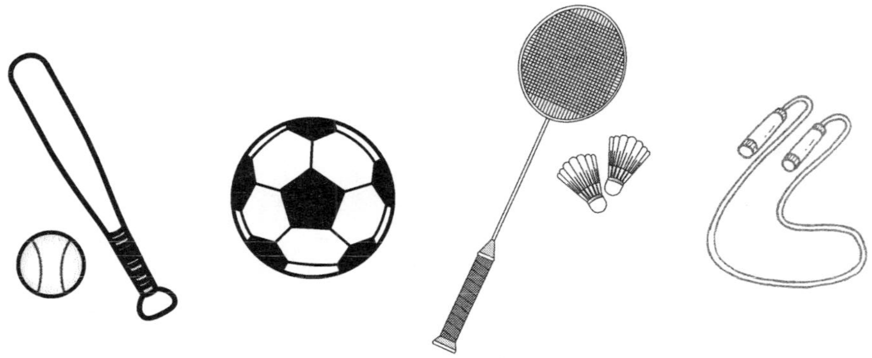

⑥

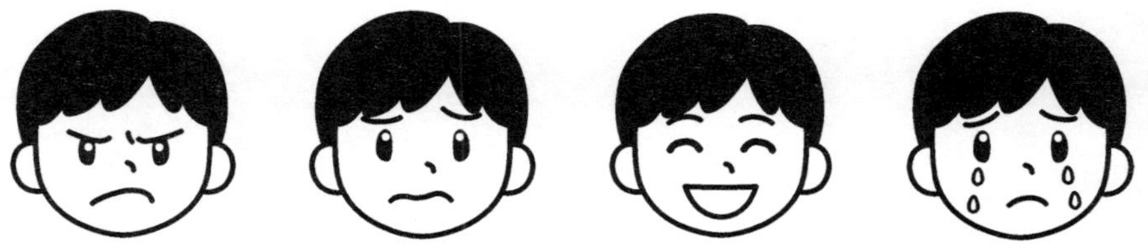

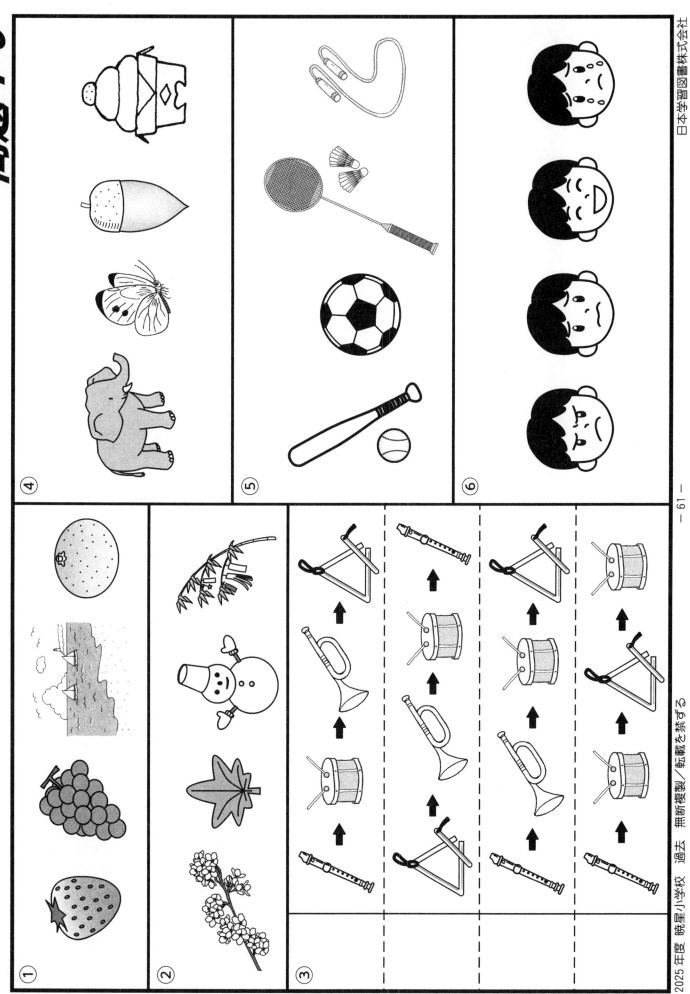

2025 年度 暁星小学校 過去 無断複製／転載を禁ずる　　日本学習図書株式会社

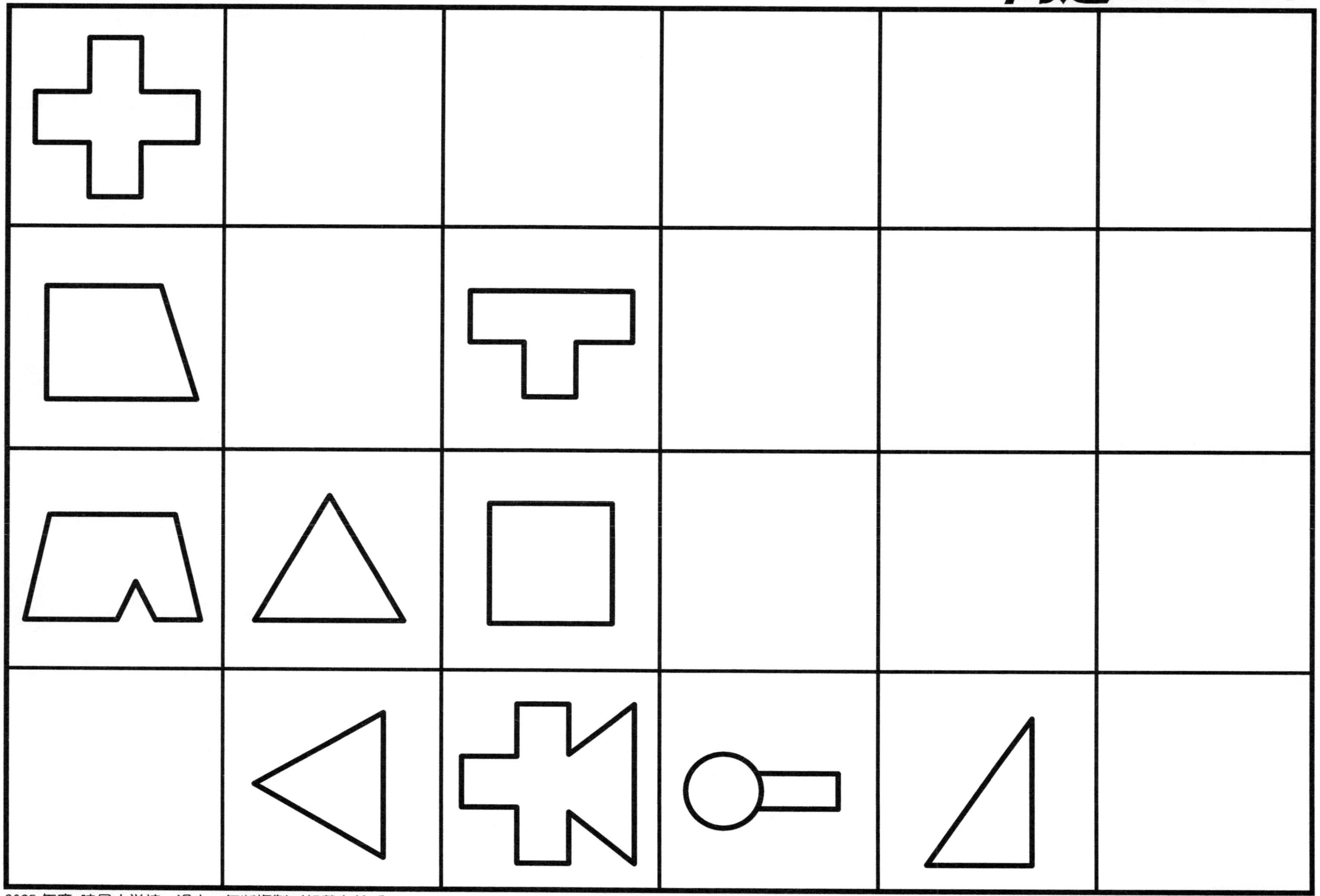

問題２０－２

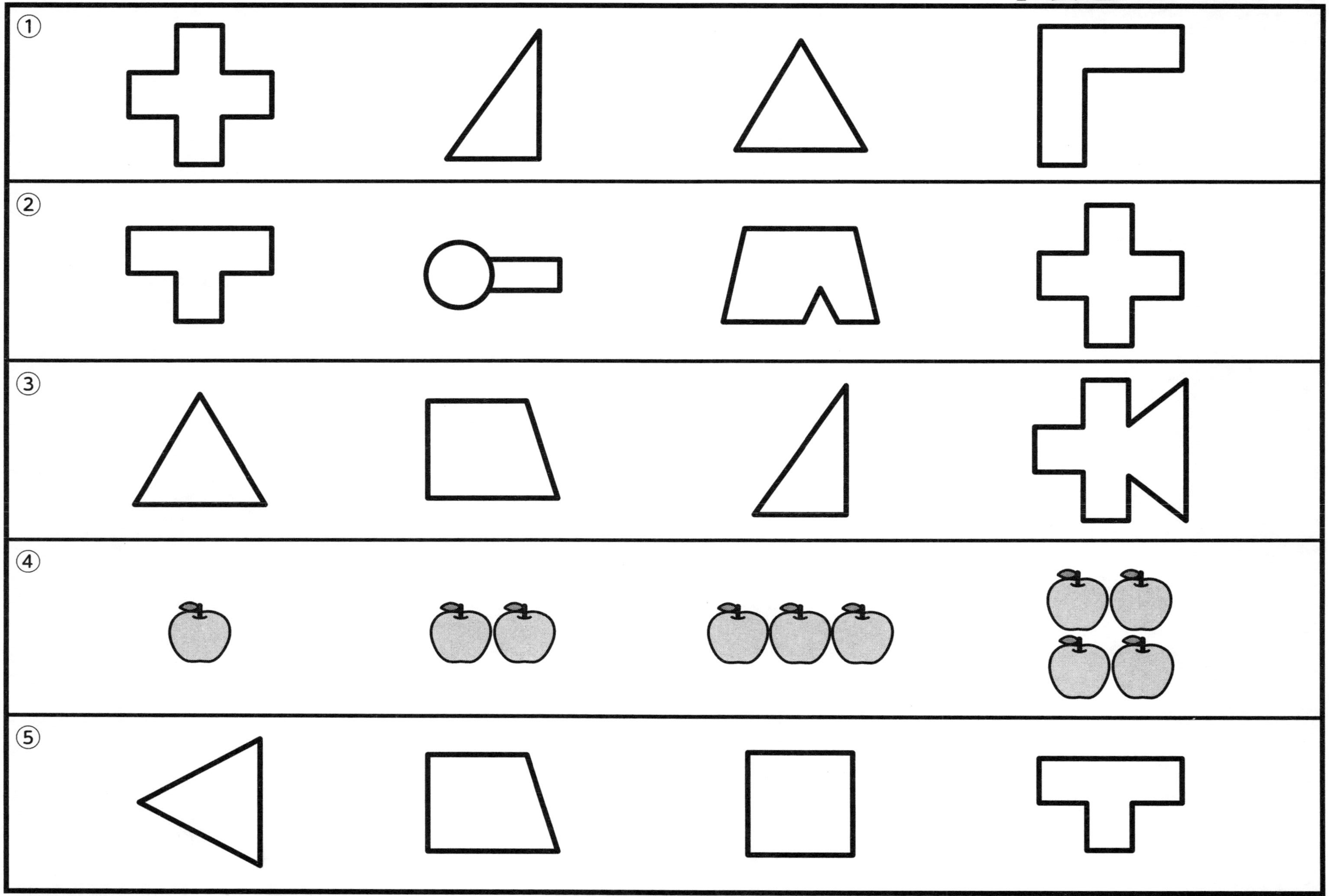

2025 年度 暁星小学校 過去 無断複製／転載を禁ずる 日本学習図書株式会社

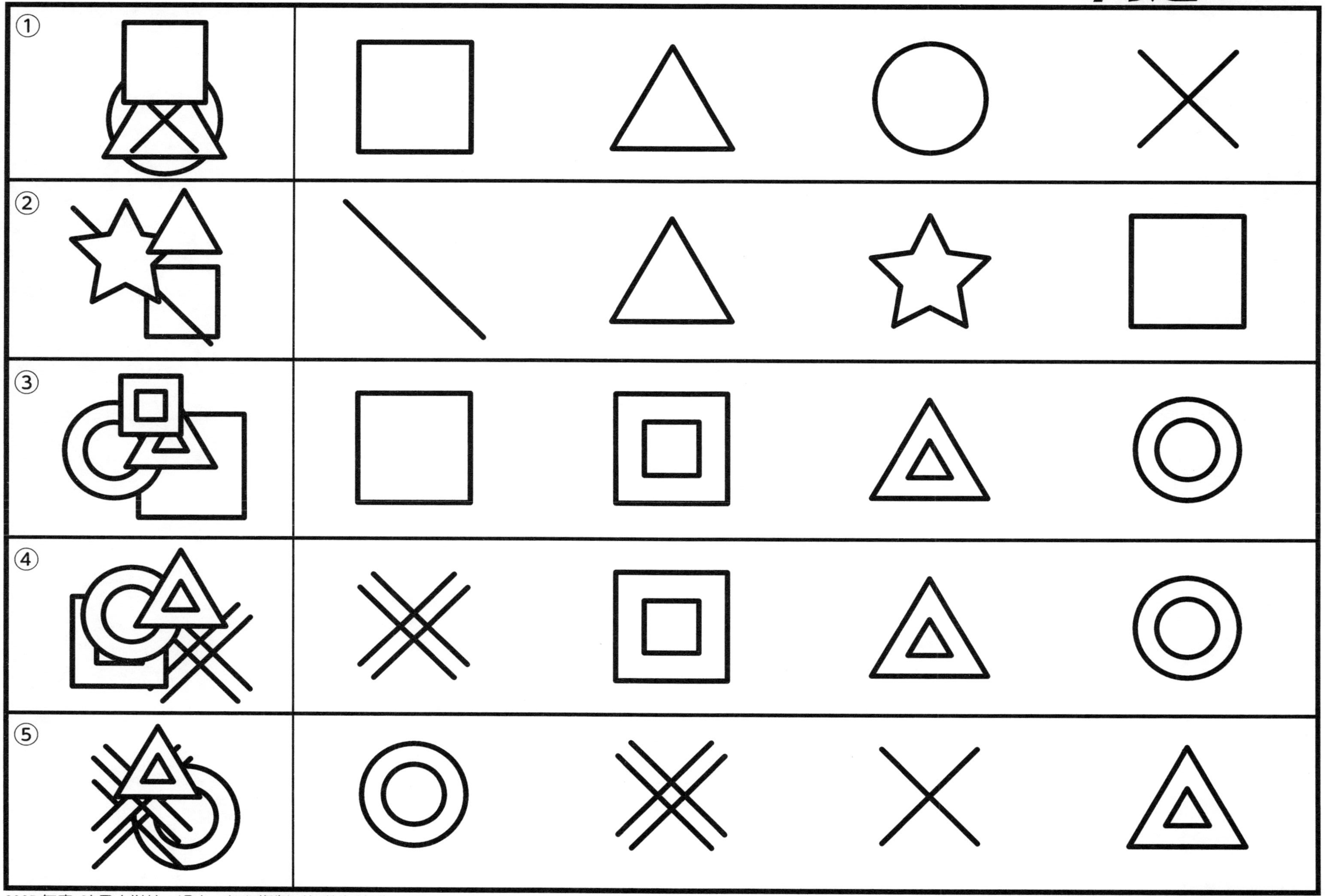

問題22

①

②

③

④
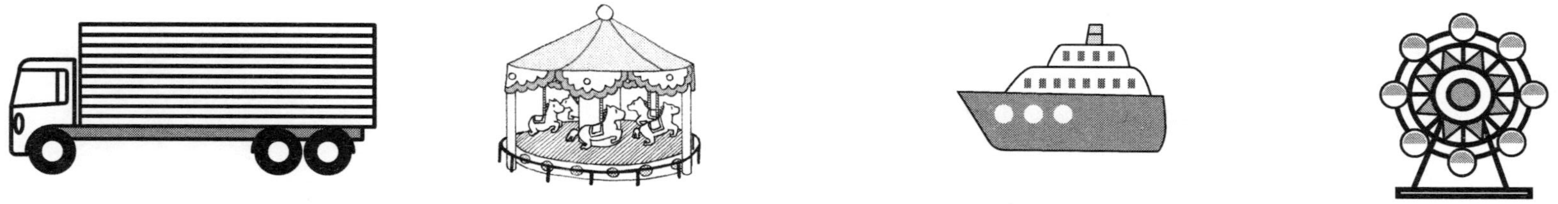

⑤

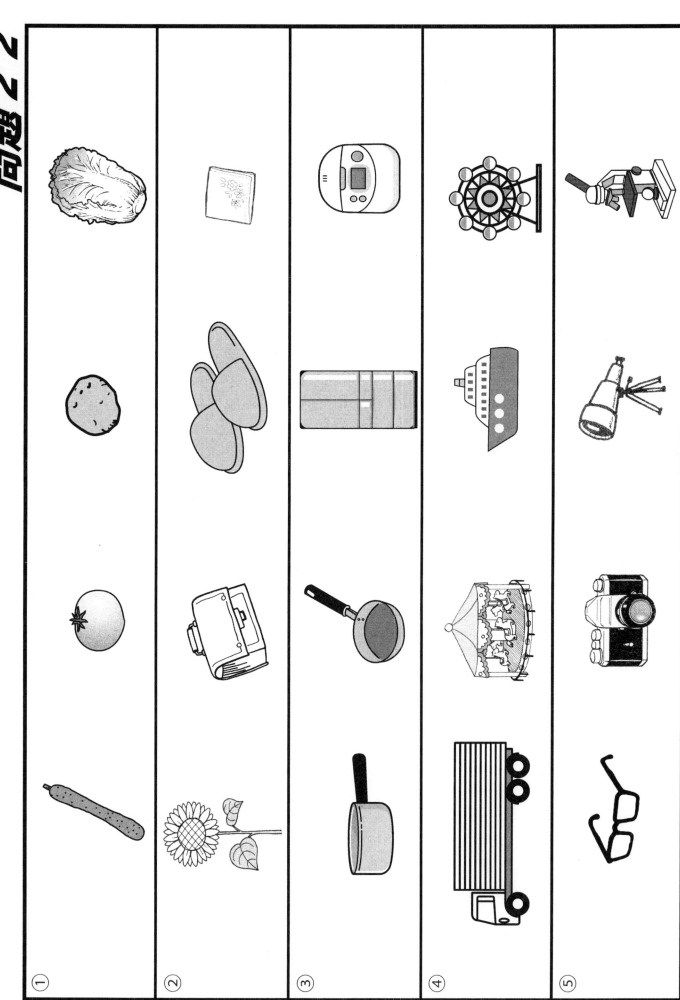

問題２３

①

②

③

④

⑤

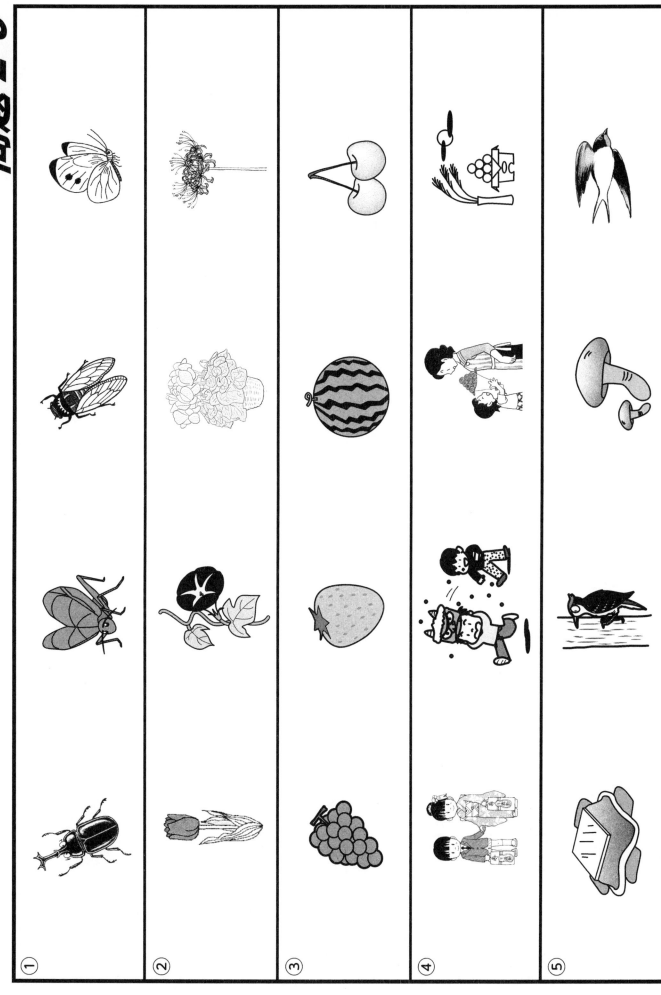

2025年度 暁星小学校 過去 無断複製／転載を禁ずる 日本学習図書株式会社

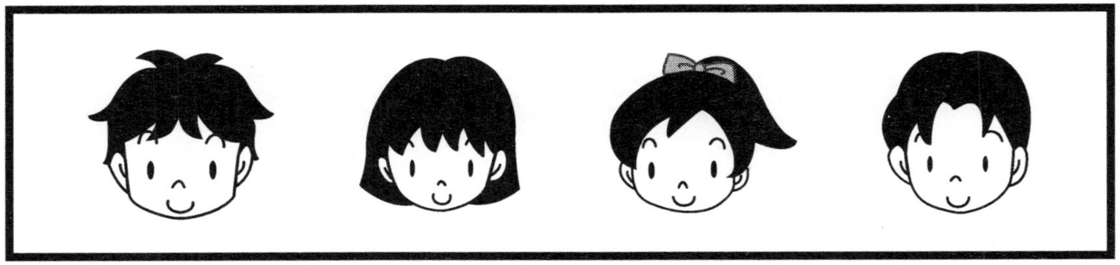

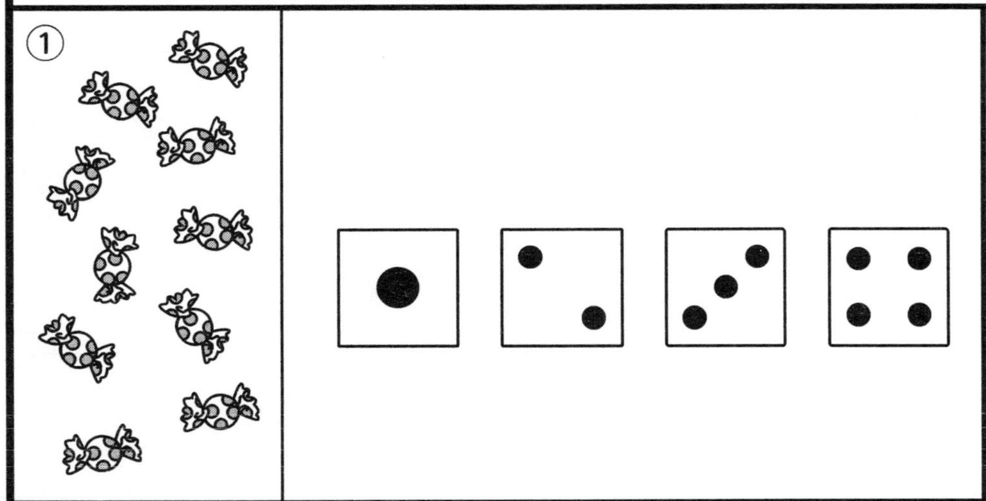

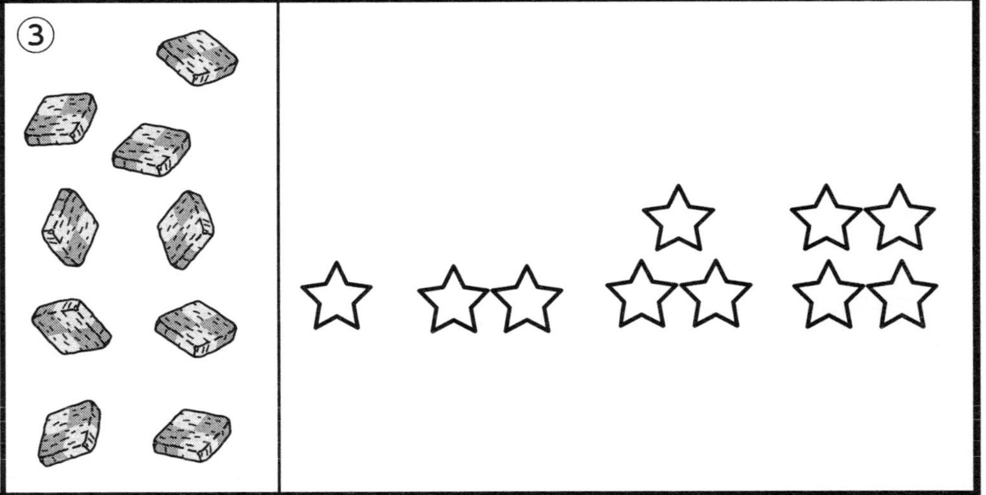

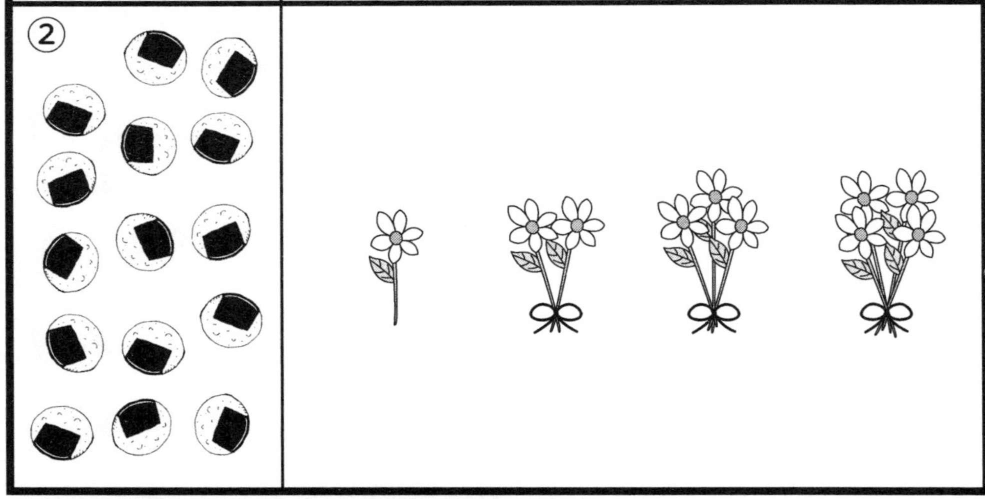

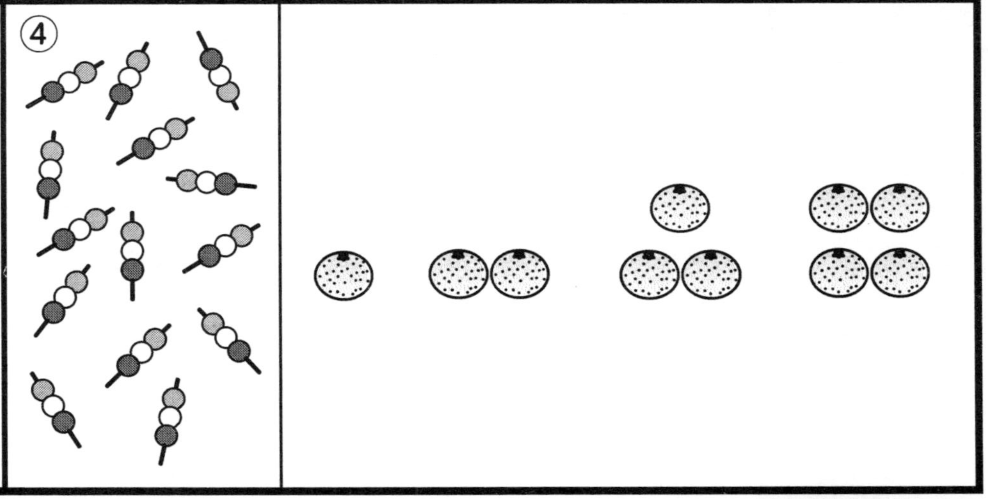

問題２５

①

②

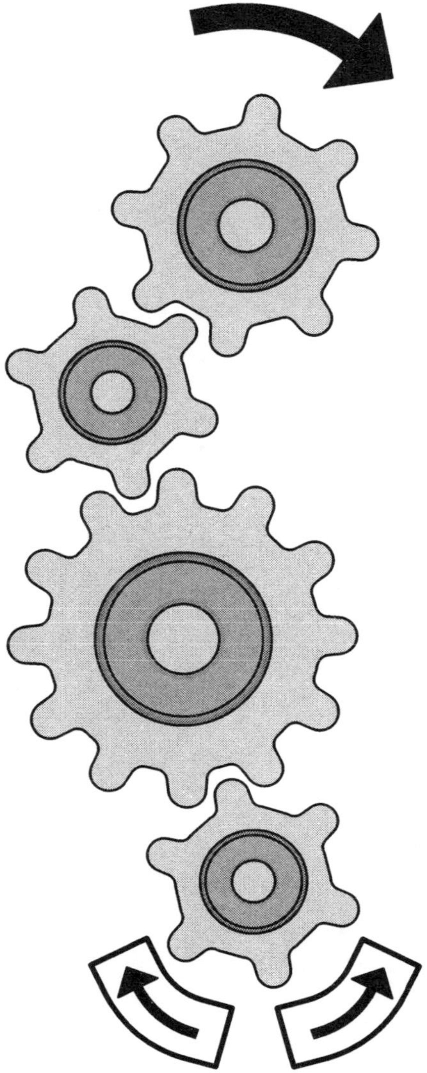

③

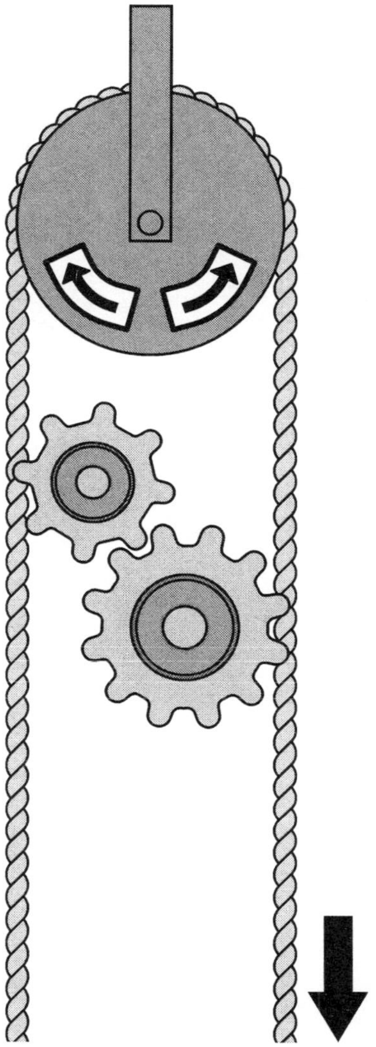

④

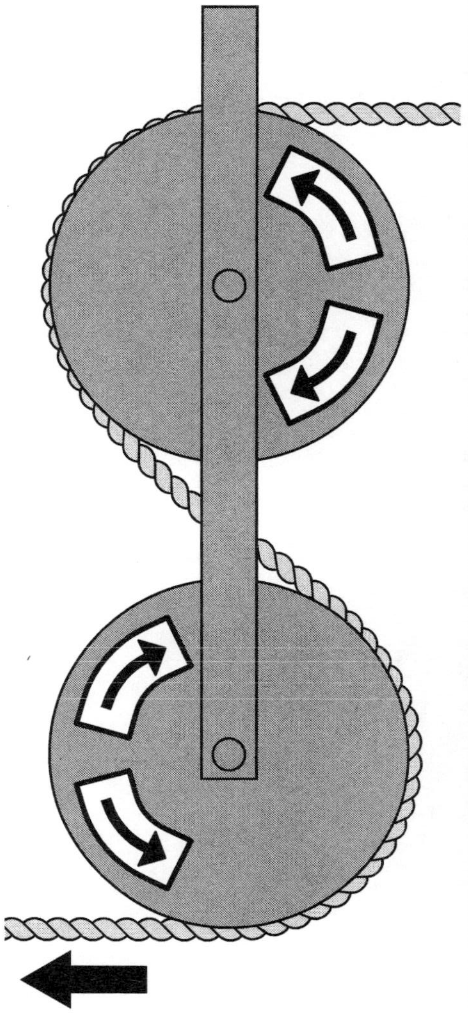

2025年度 暁星小学校 過去 無断複製／転載を禁ずる　日本学習図書株式会社

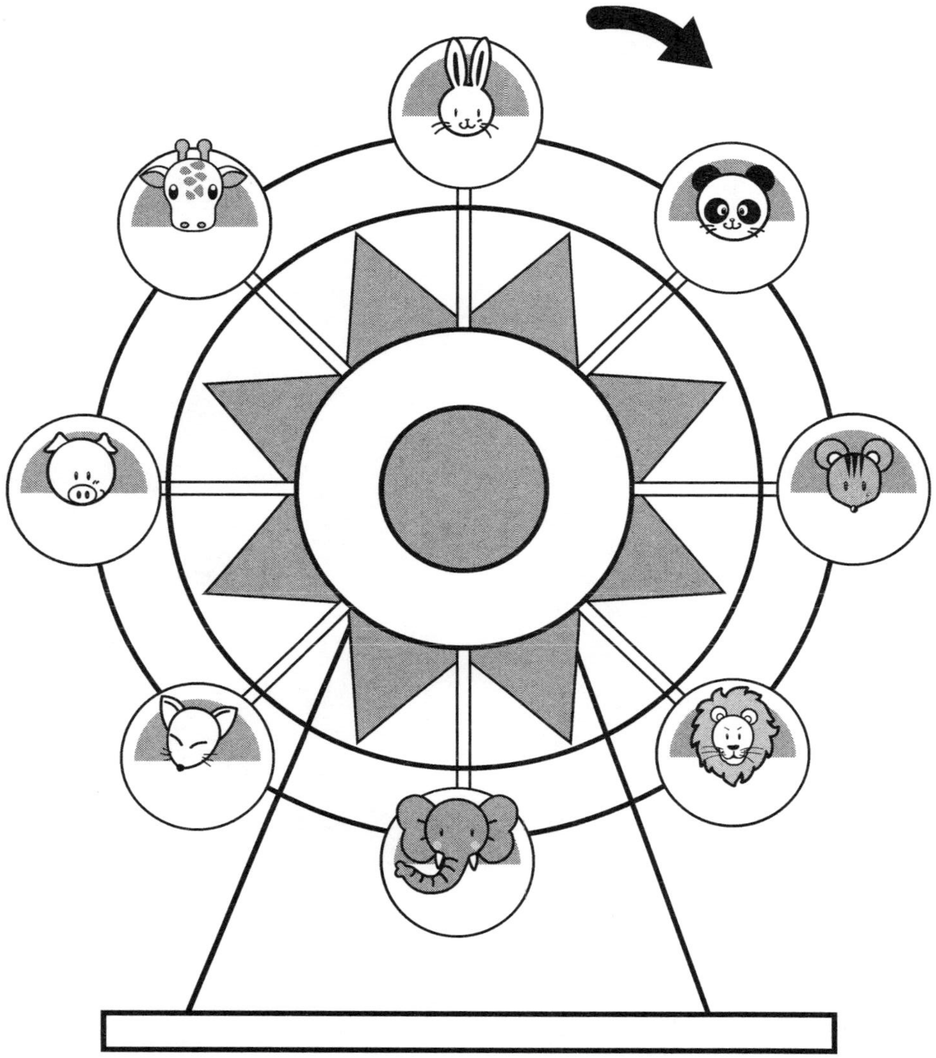

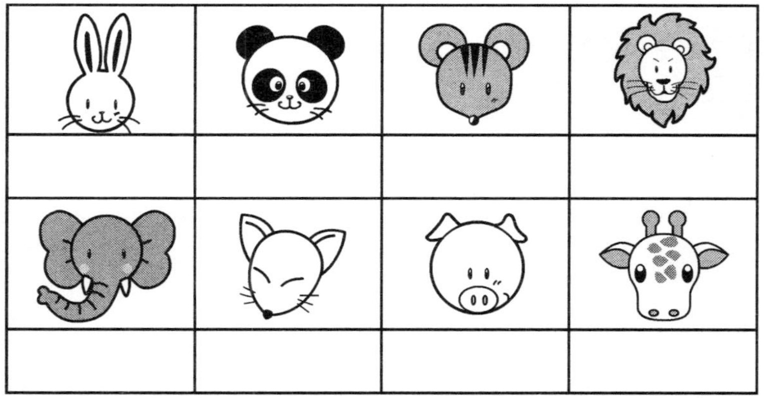

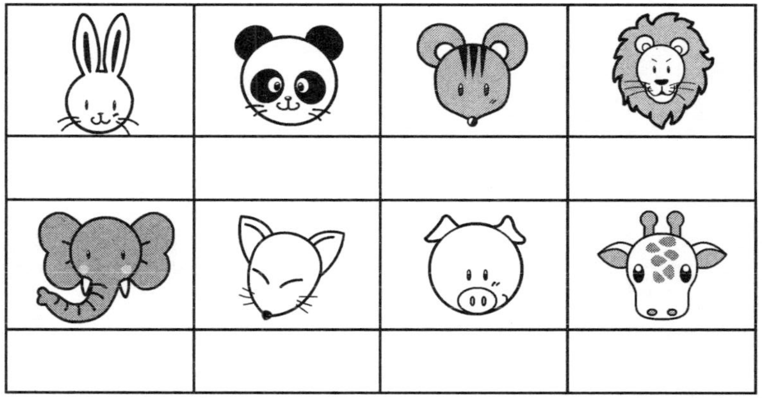

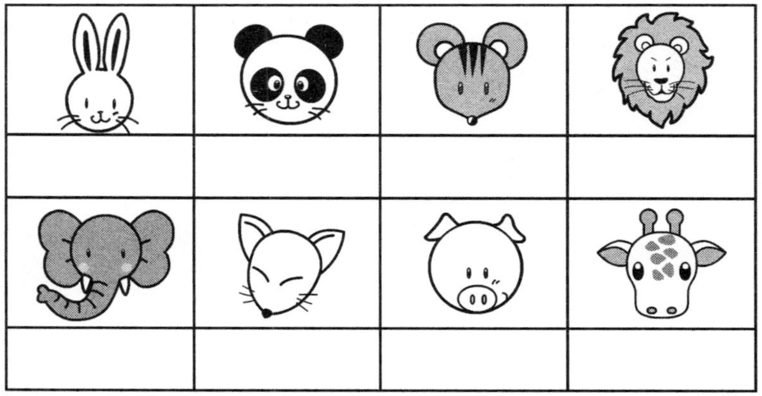

問題２７

①
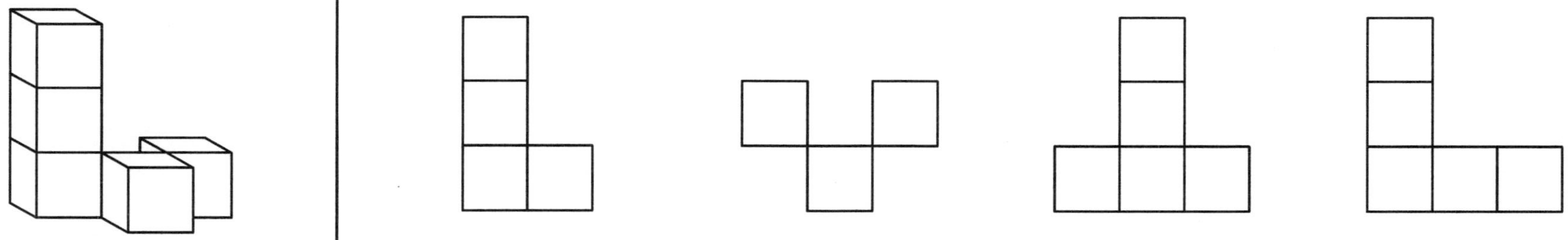

②
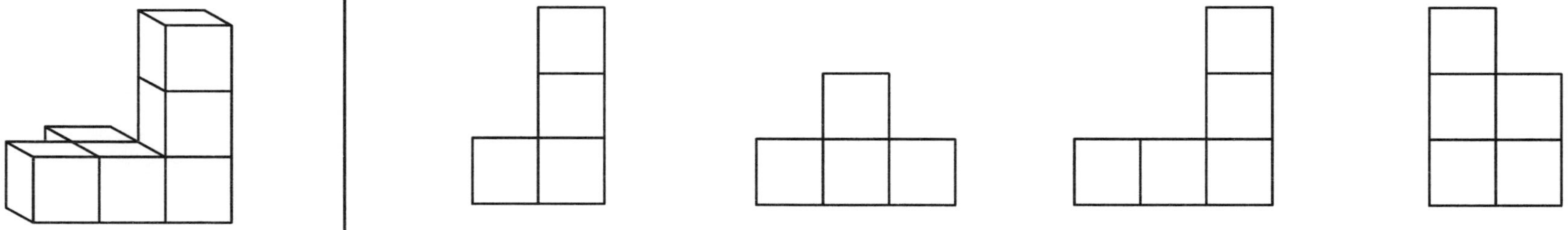

③
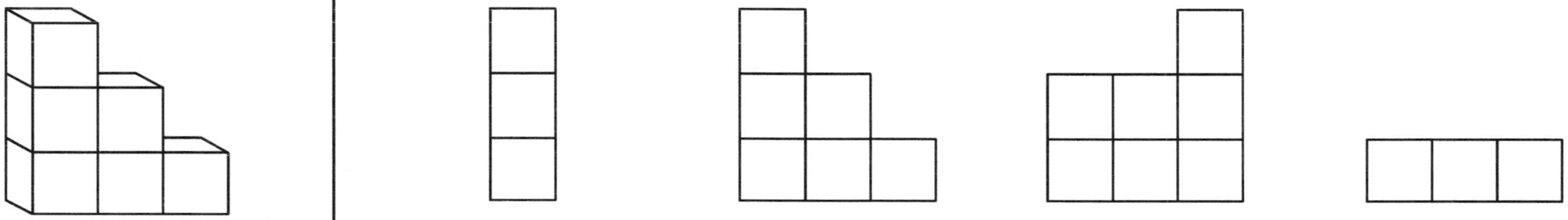

④
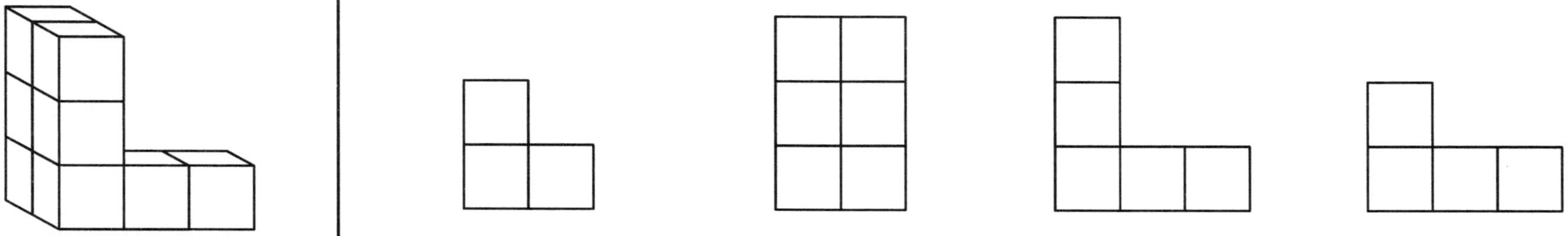

問題28

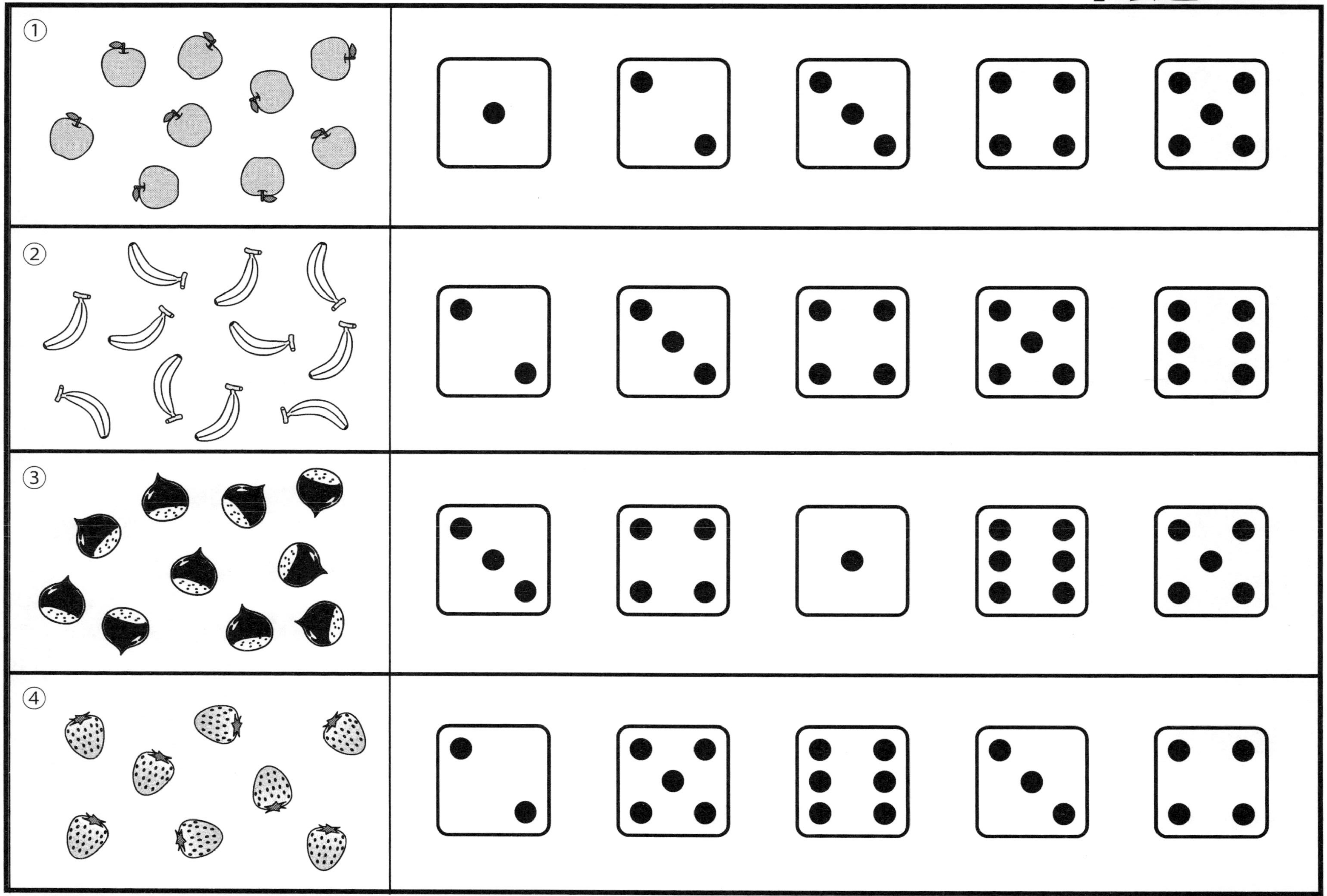

問題29

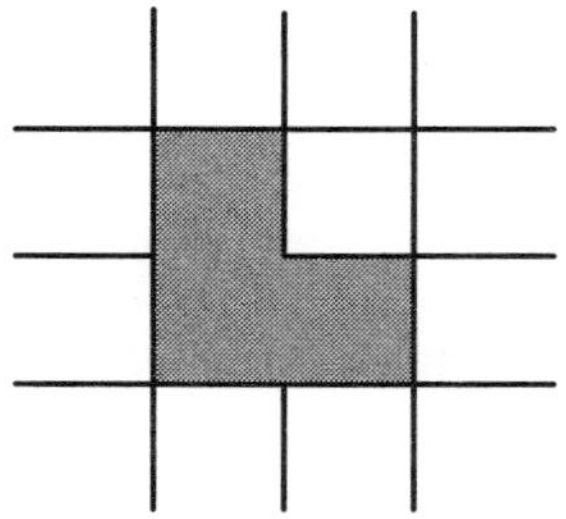

①

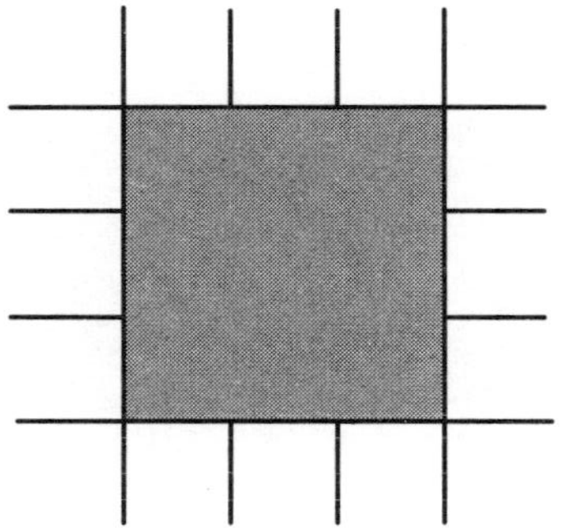

②

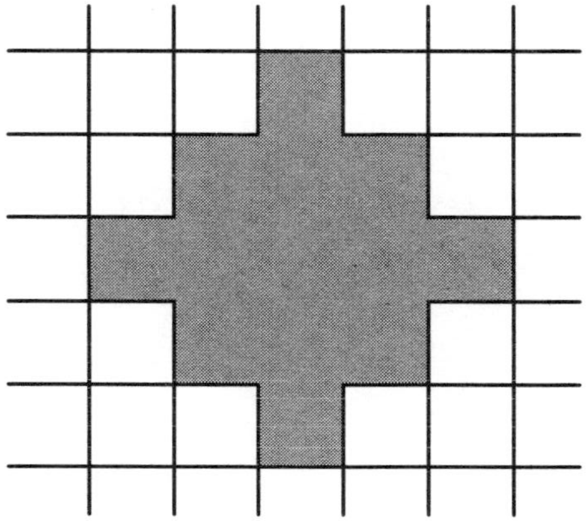

③

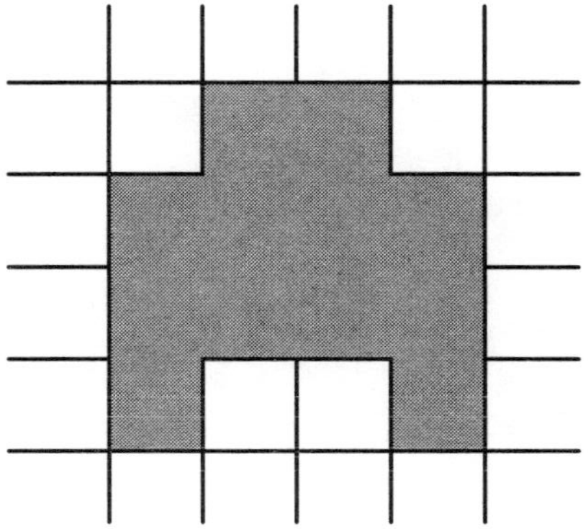

④

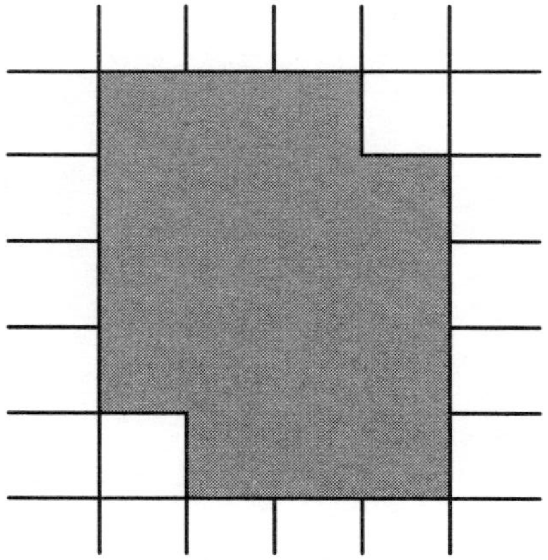

⑤

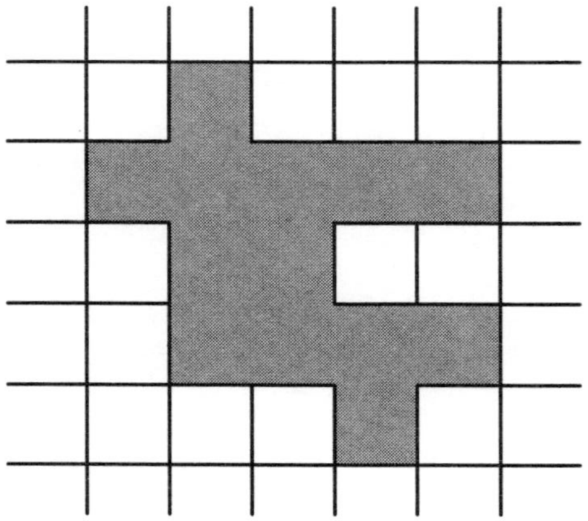

⑥

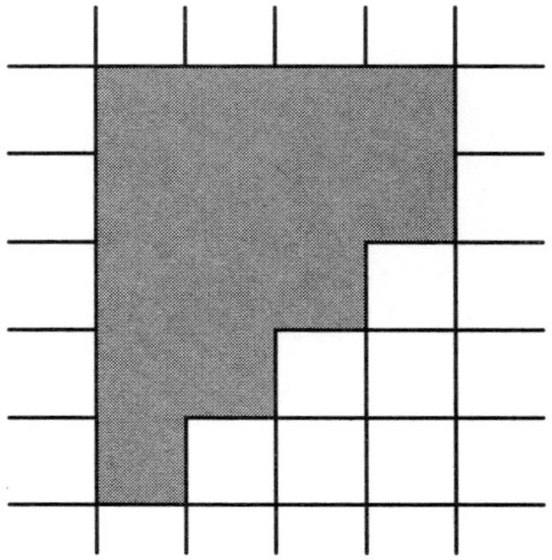

問題３０

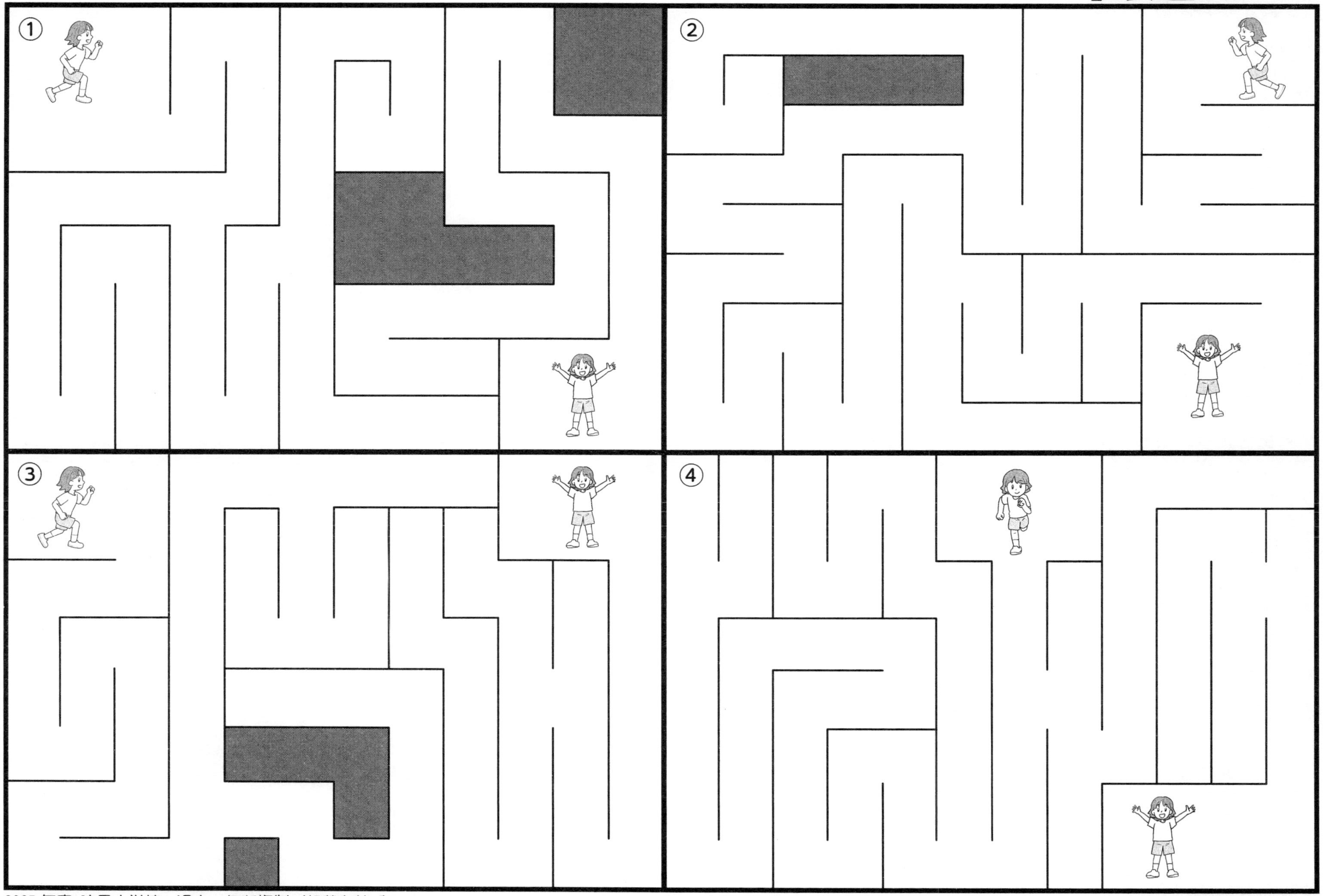

2025年度 暁星小学校 過去 無断複製／転載を禁ずる　　日本学習図書株式会社

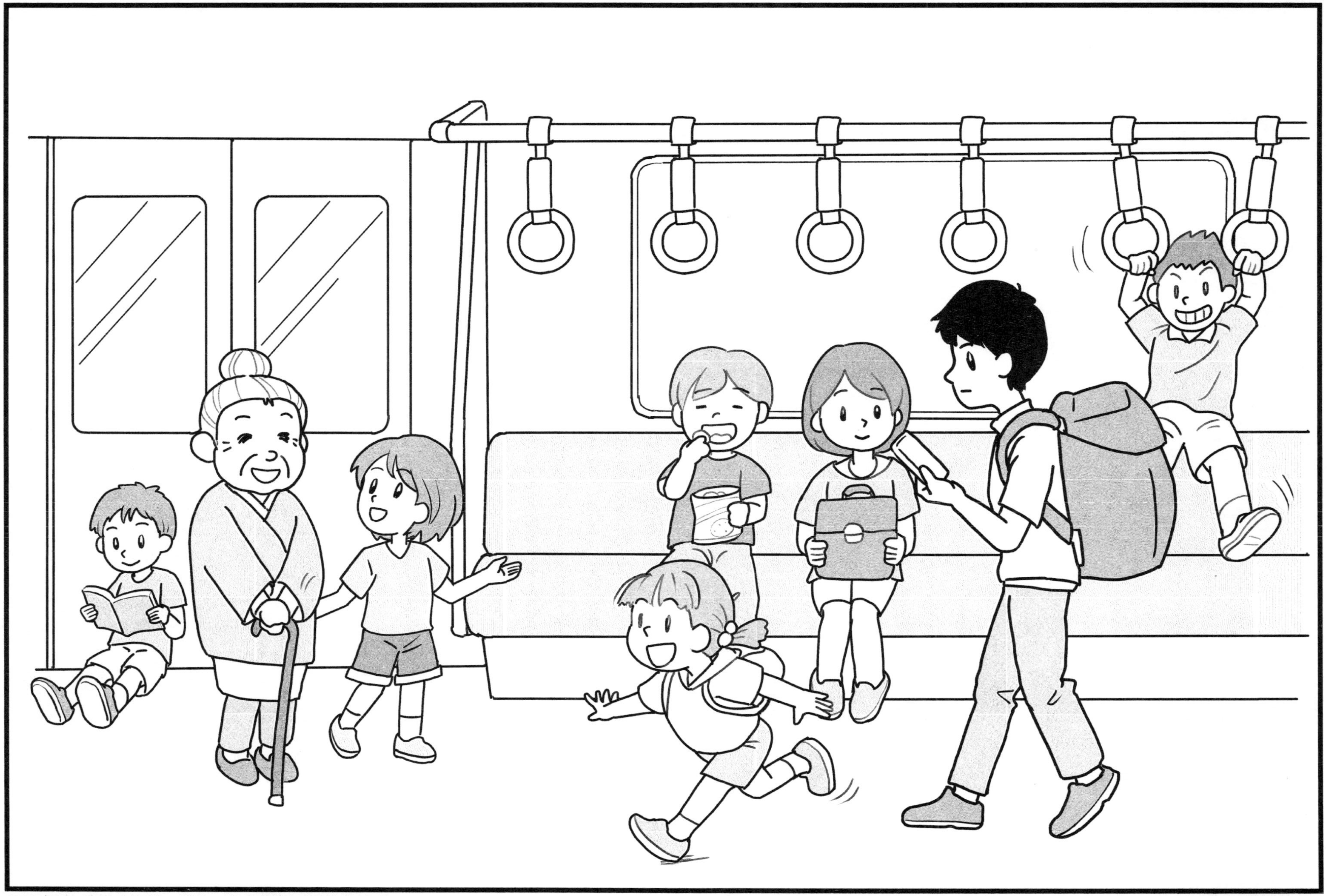

問題32

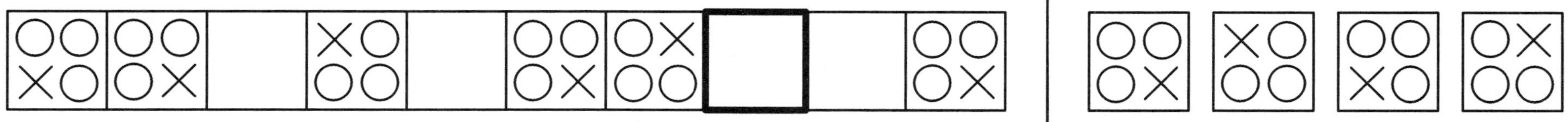

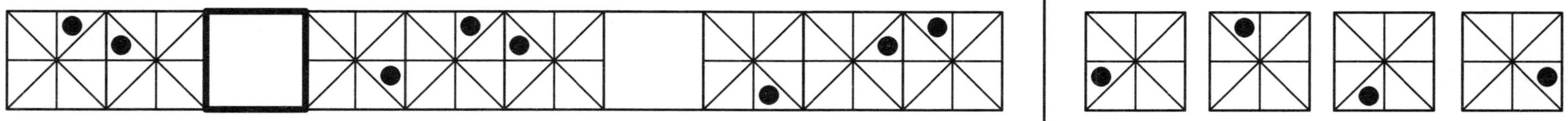

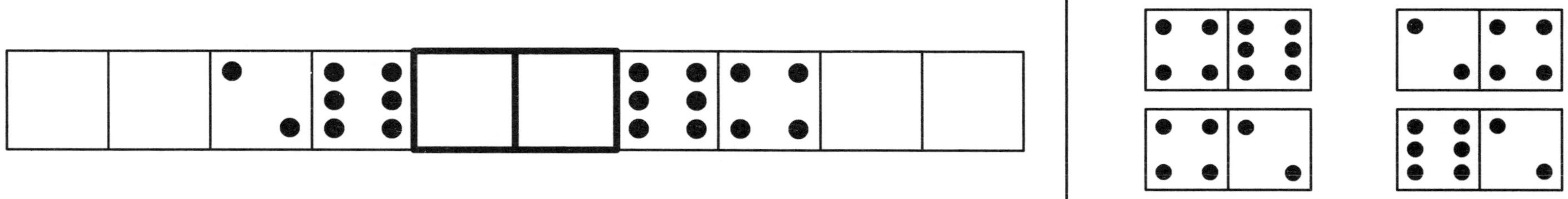

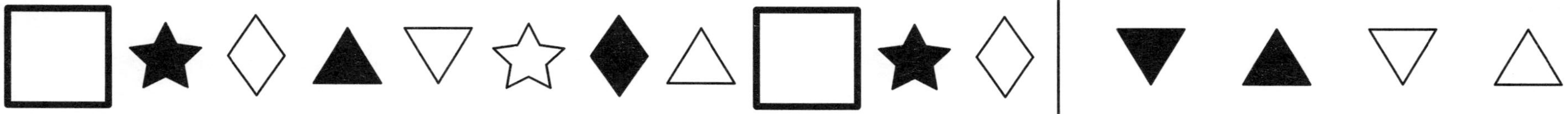

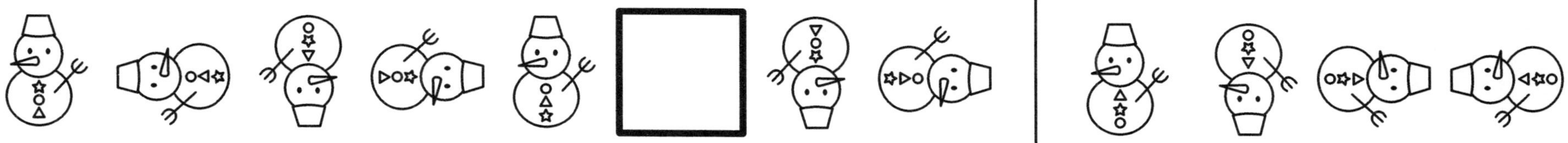

問題３３

①

②

③

④

日本学習図書株式会社

問題３５

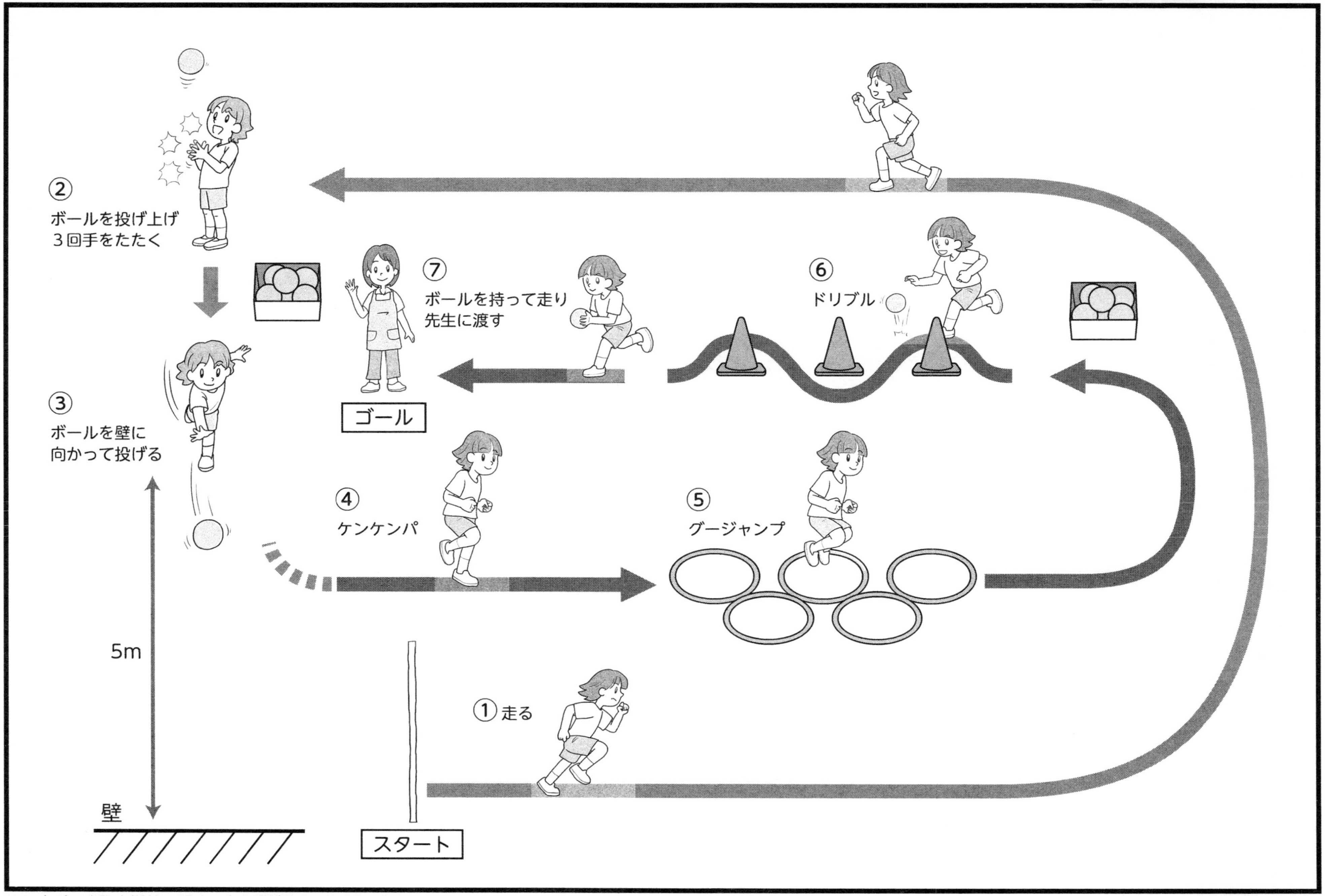
②
ボールを投げ上げ
３回手をたたく
③
ボールを壁に
向かって投げる
5m
壁
スタート
①走る
④
ケンケンパ
⑤
グージャンプ
⑥
ドリブル
⑦
ボールを持って走り
先生に渡す
ゴール

2025 年度 暁星小学校 過去 無断複製／転載を禁ずる 日本学習図書株式会社

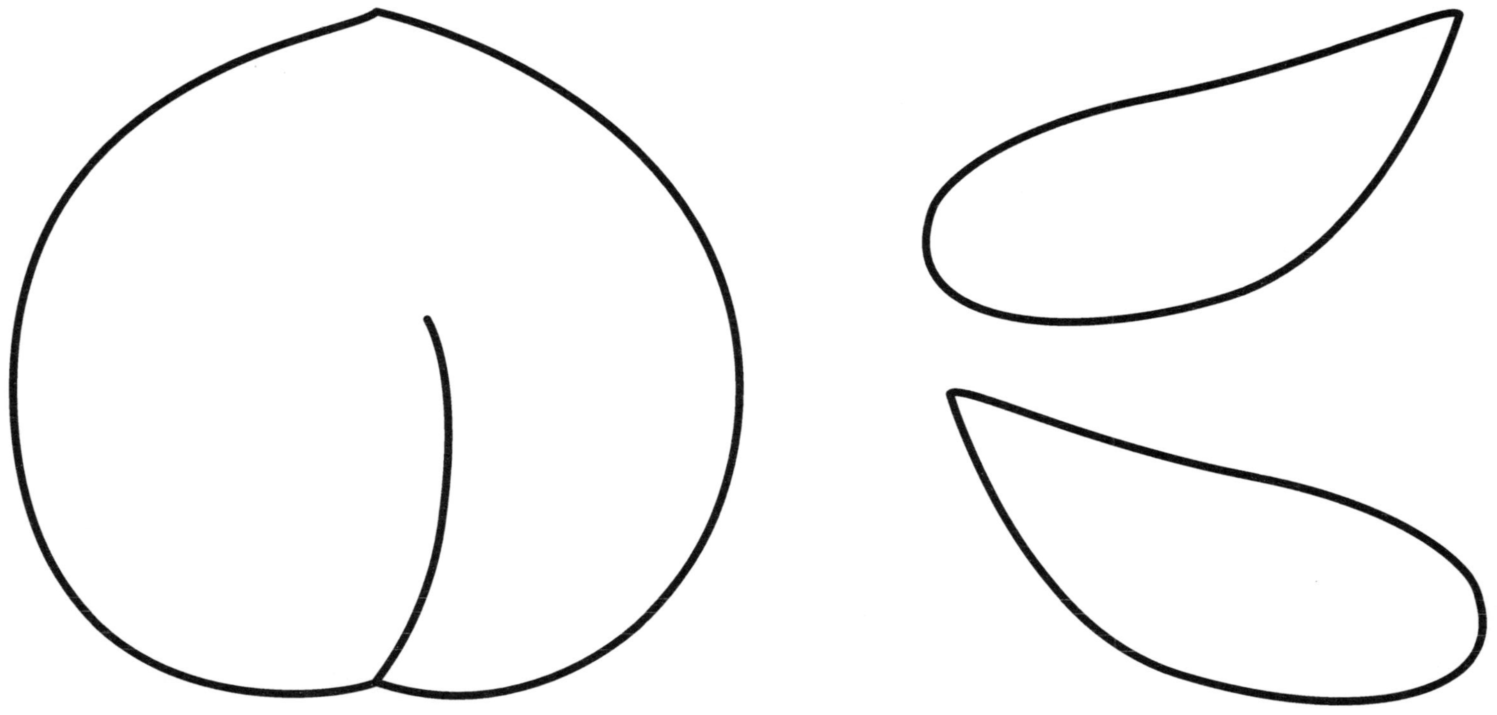

問題36－2

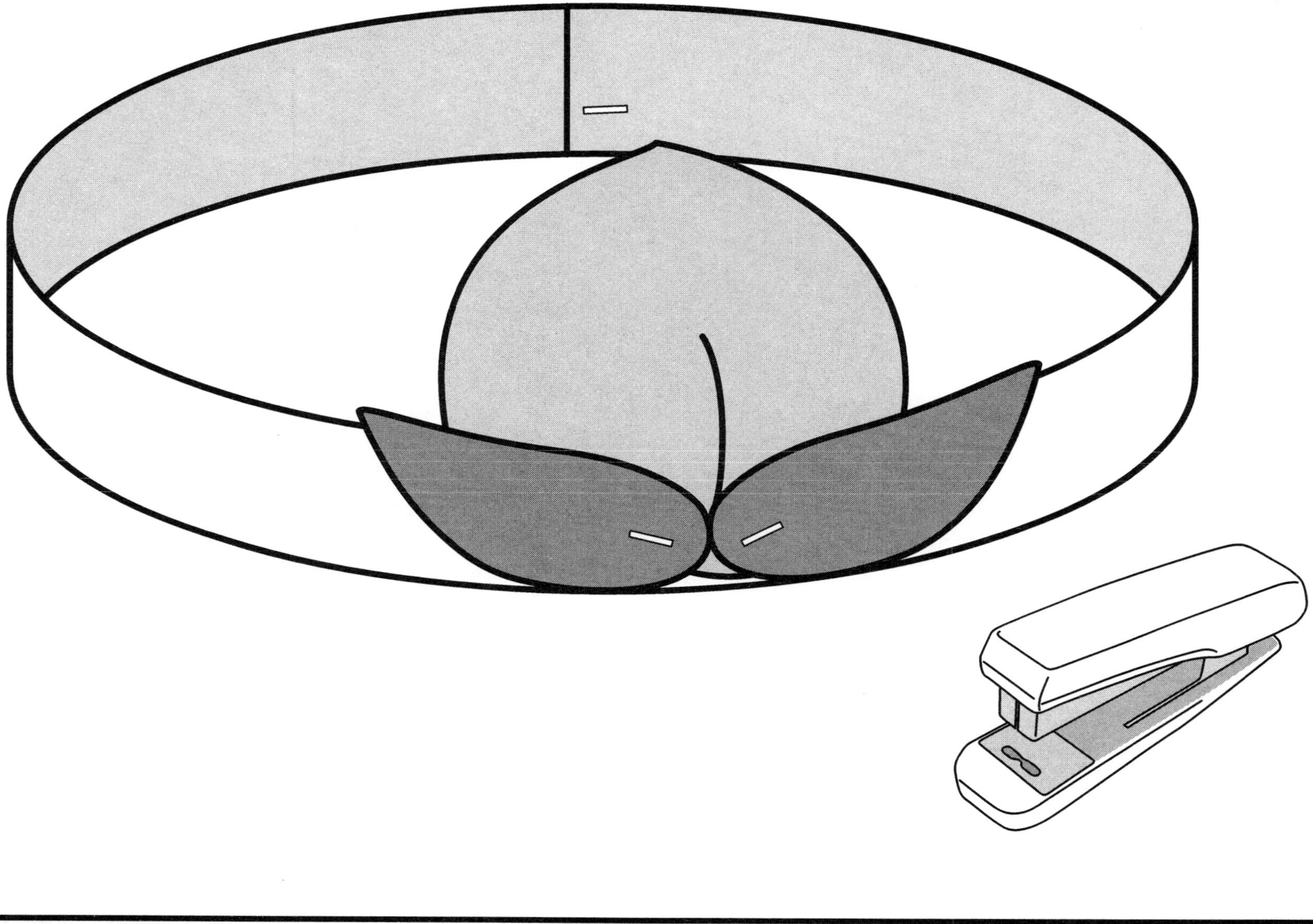

問題４１

①

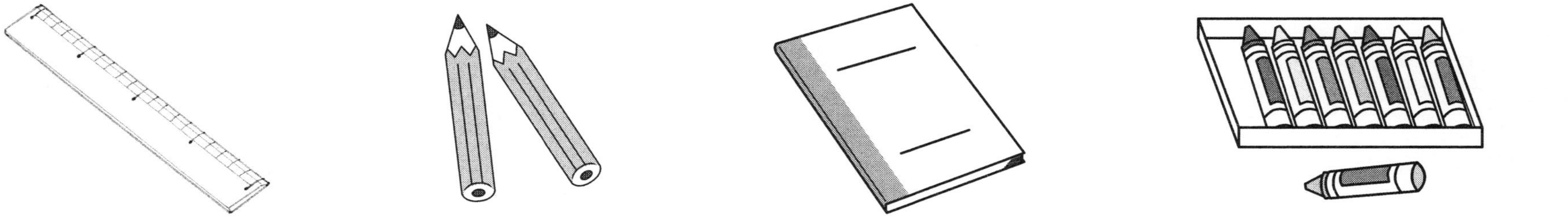

②

③

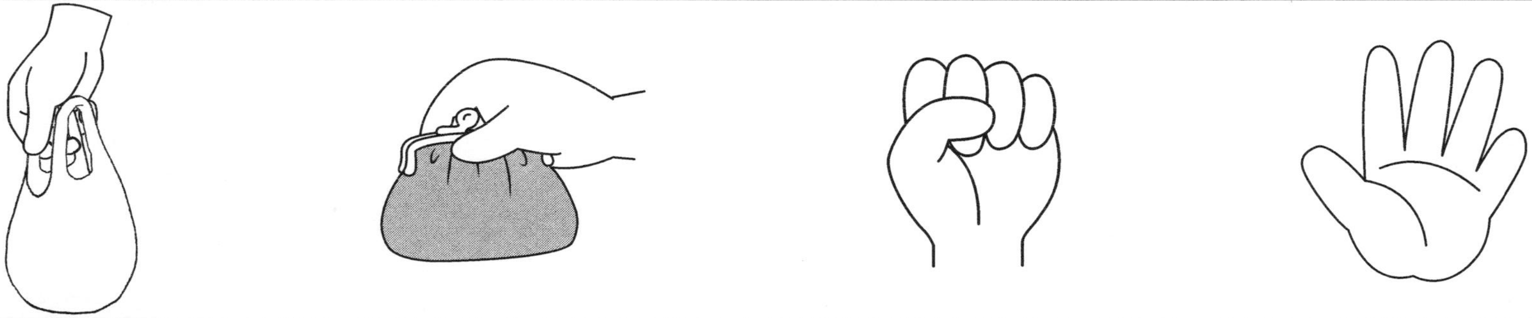

④

問題４２

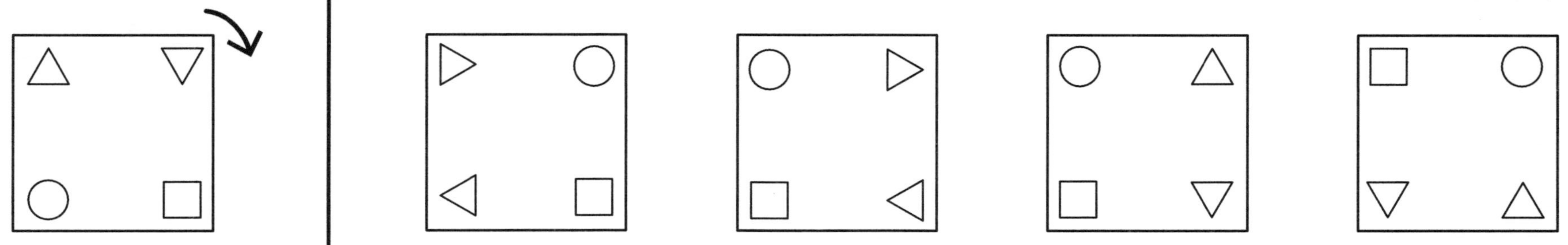

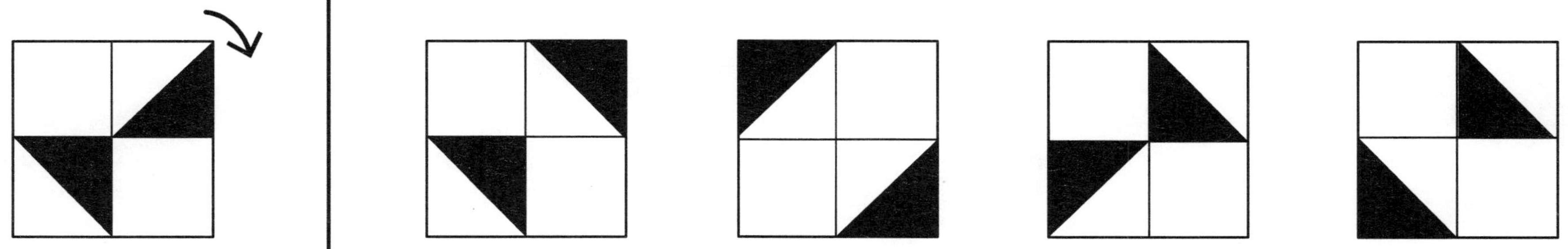

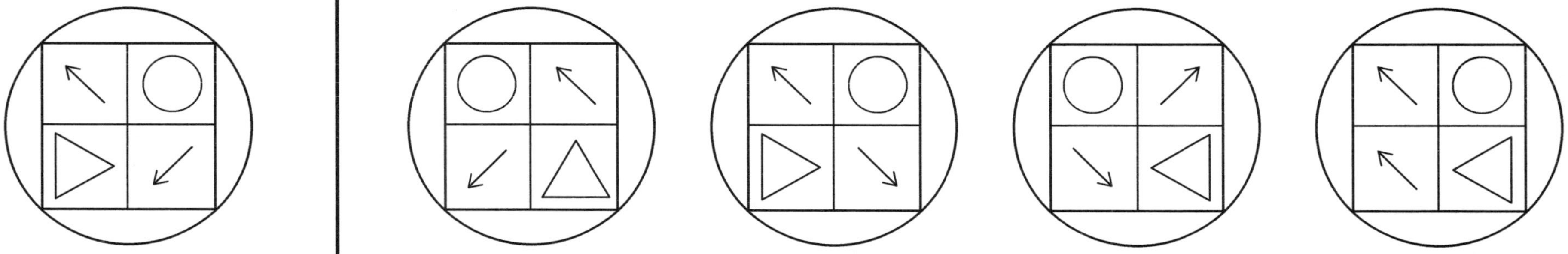

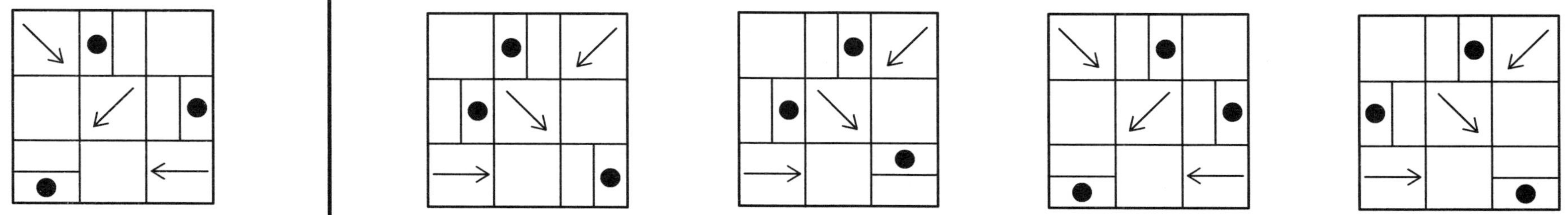

2025 年度 暁星小学校 過去 無断複製／転載を禁ずる　　　日本学習図書株式会社

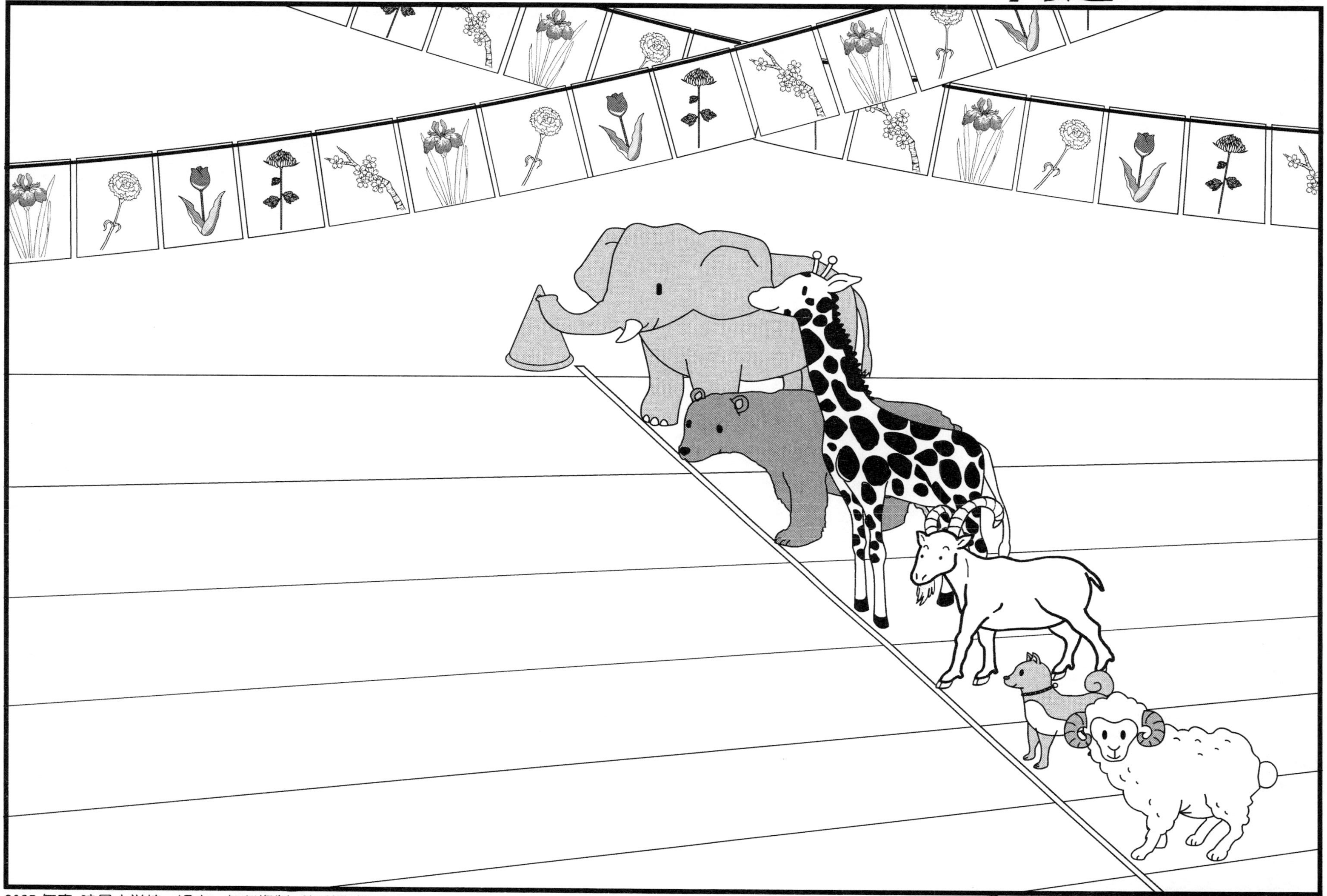

問題４３－２

問題４４

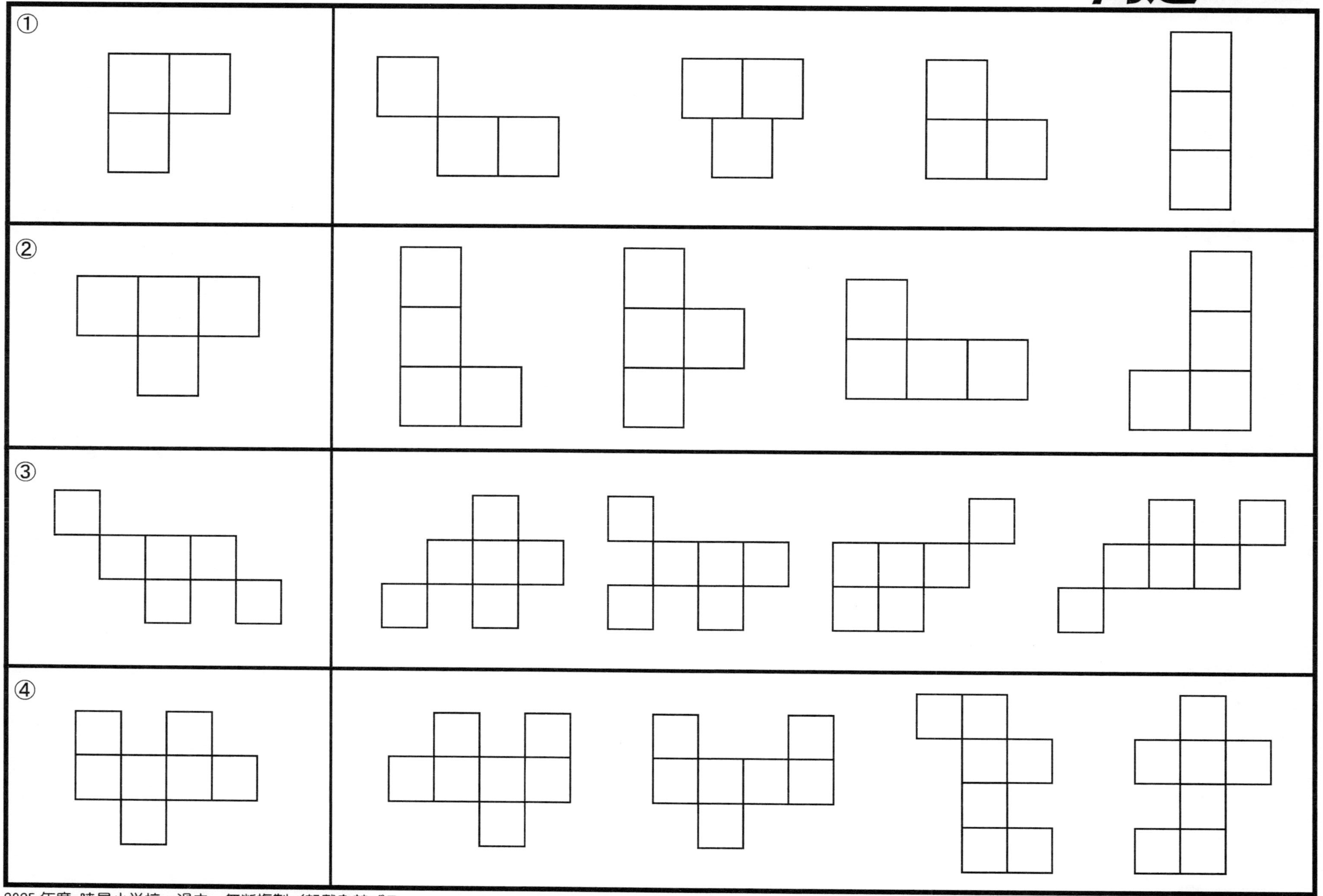

問題45

①

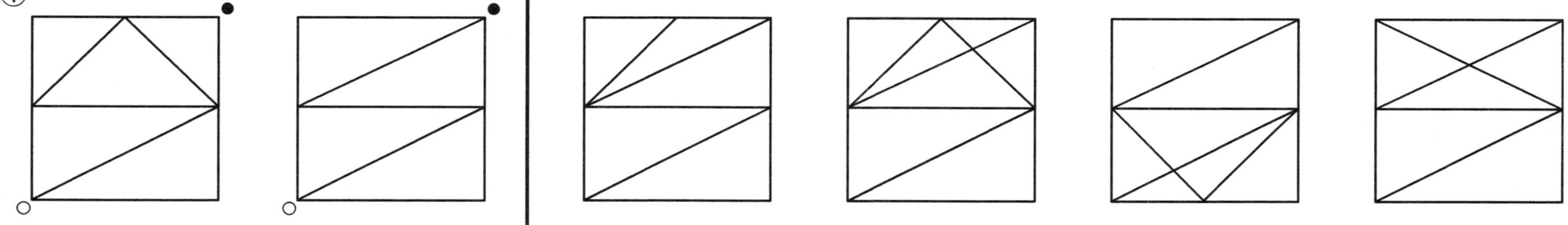

②

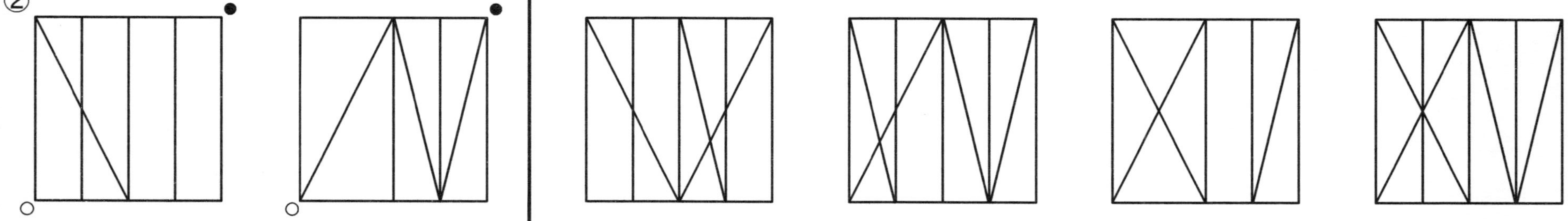

③

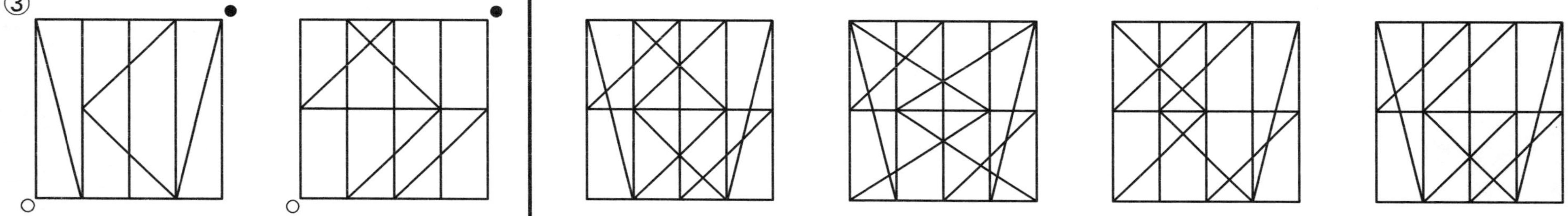

④

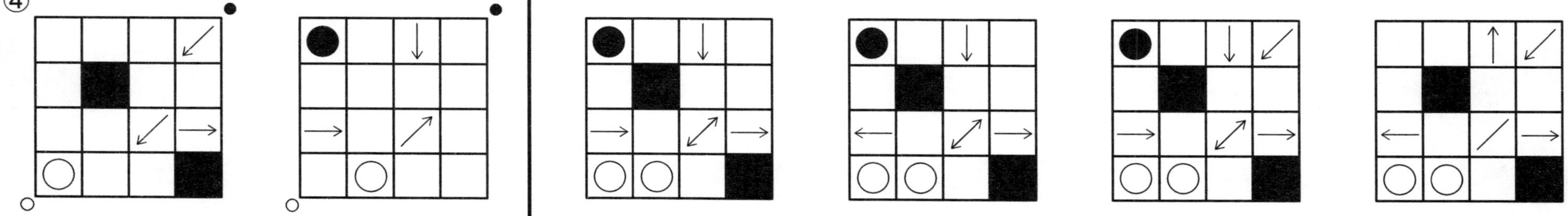

② ④ ① ③

2025 年度　暁星小学校　過去　無断複製／転載を禁ずる　日本学習図書株式会社

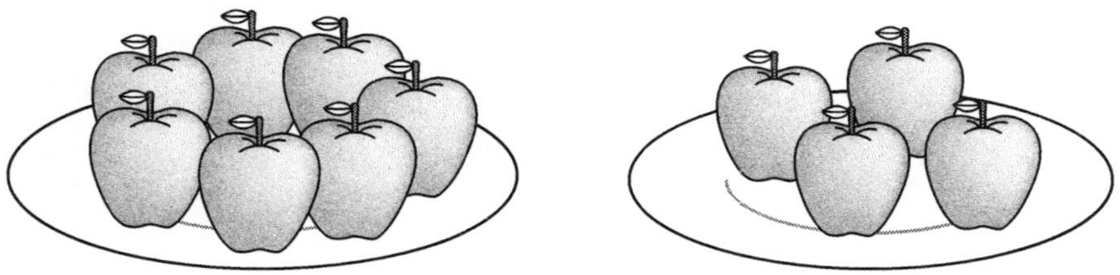

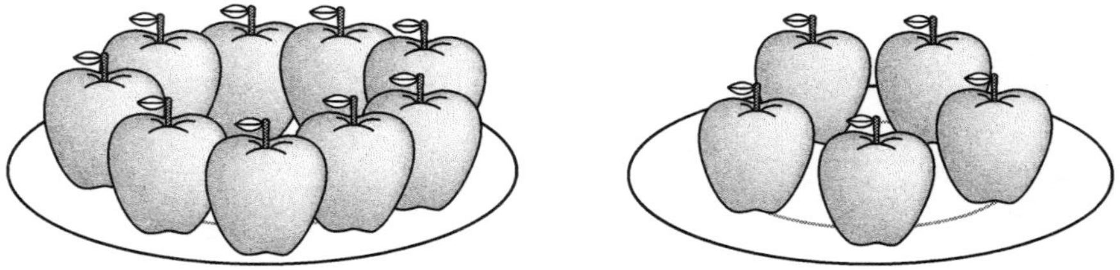

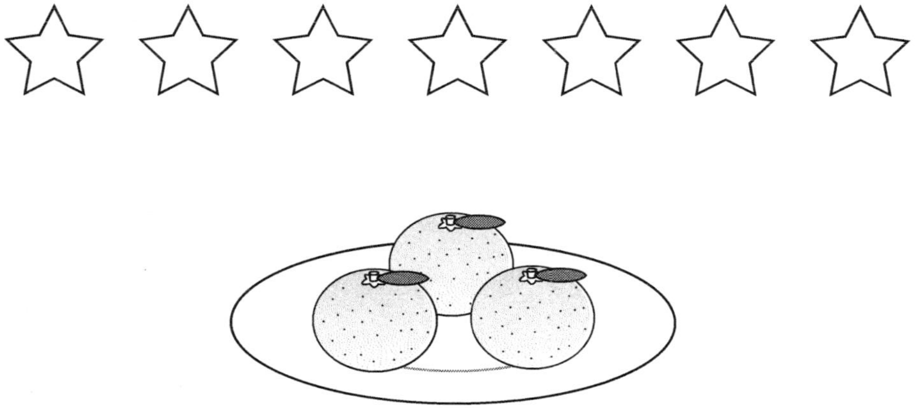

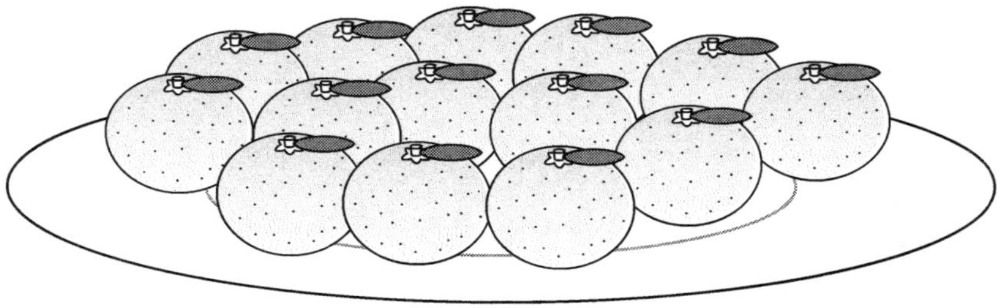

問題47

①

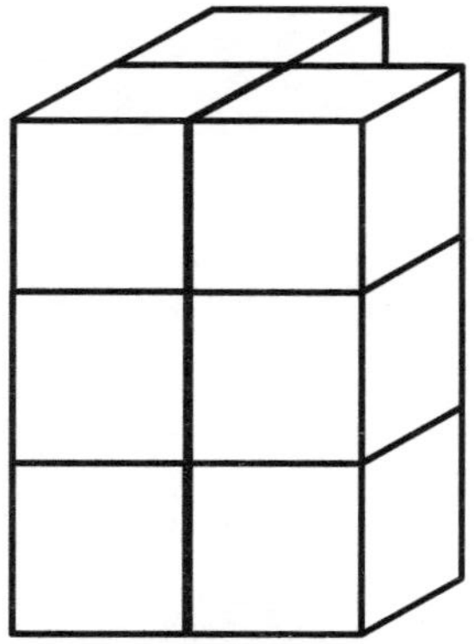

②

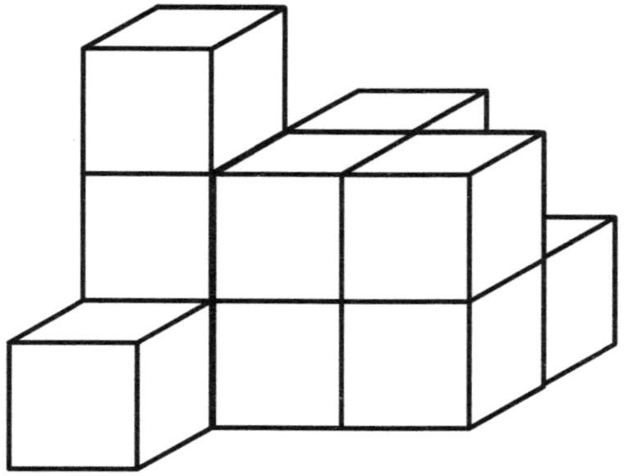

③

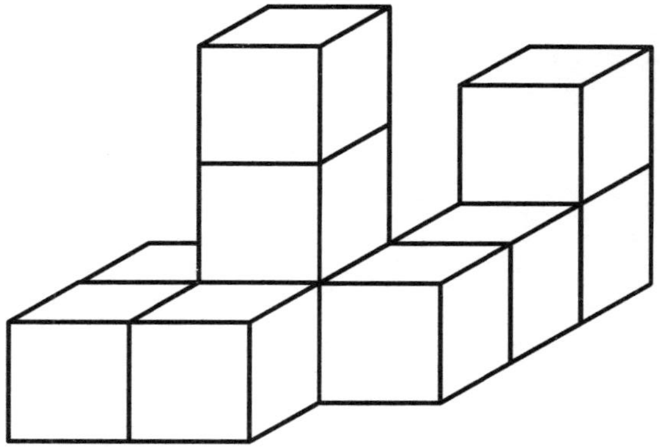

④

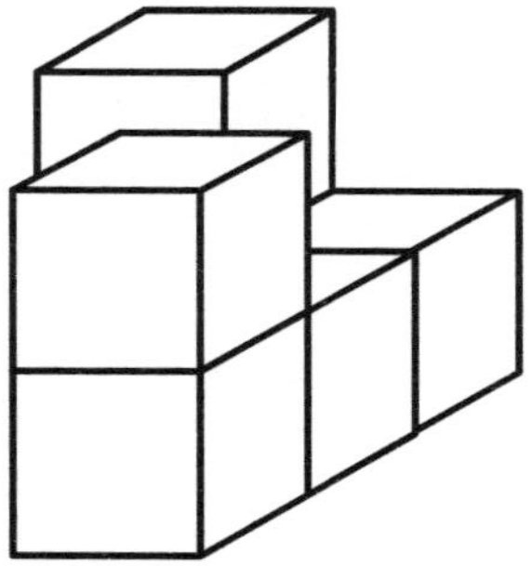

⑤

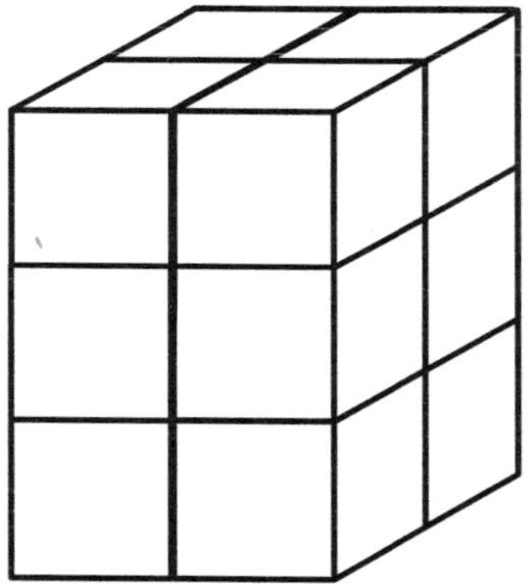

⑥

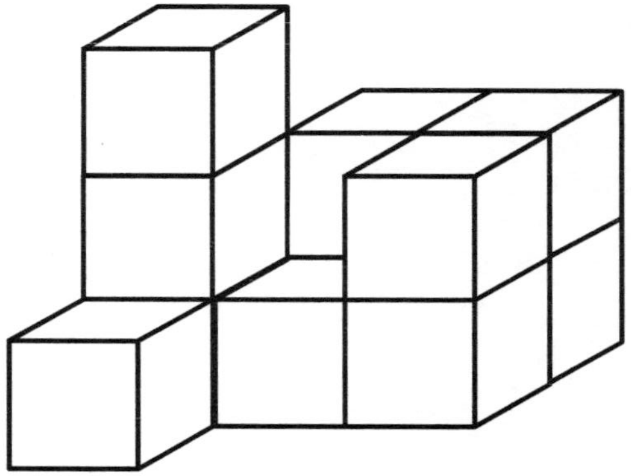

問題４８

①

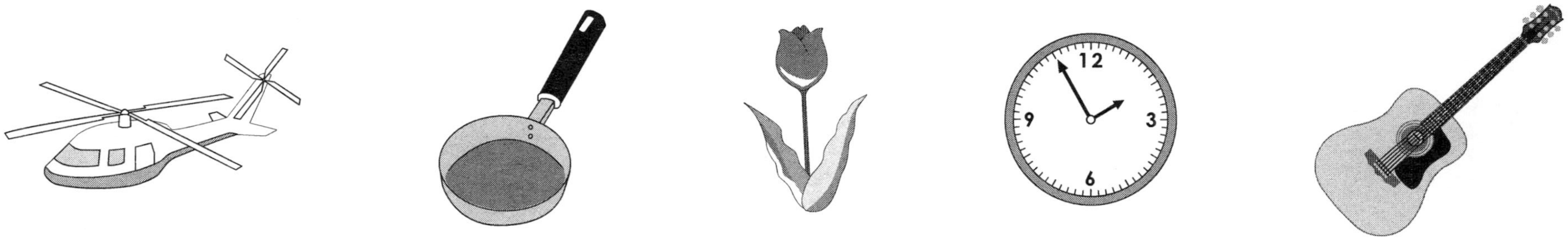

②

③

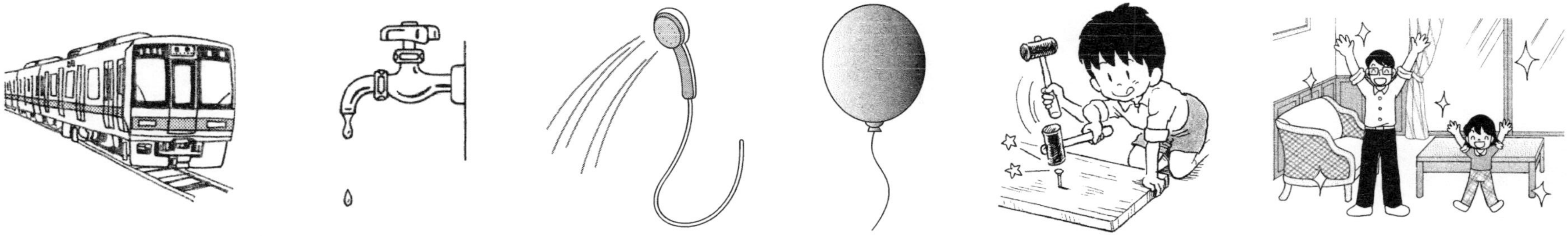

④

問題４９

①

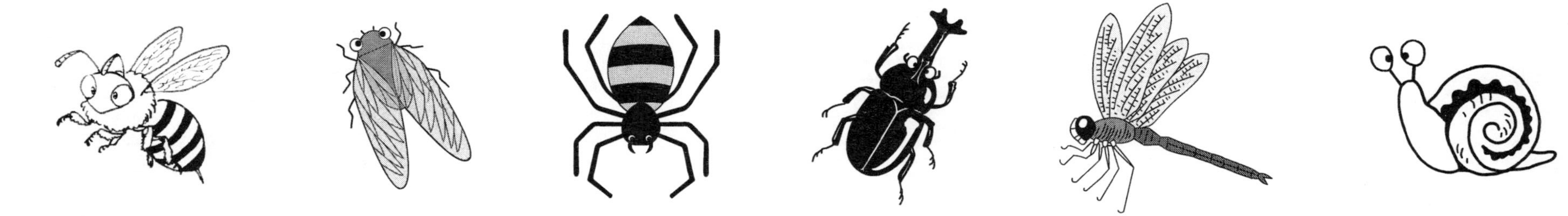

②

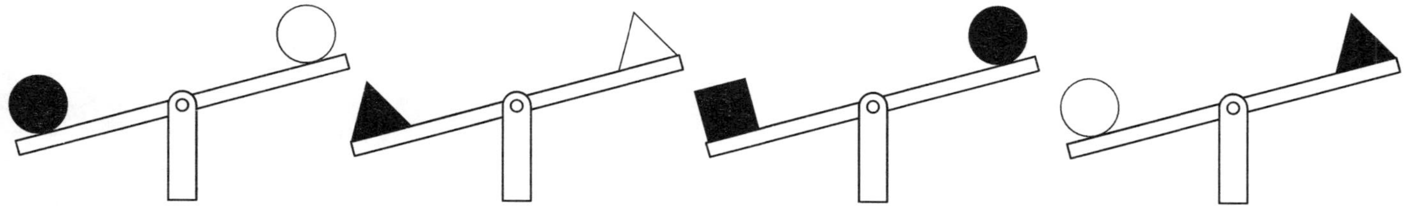

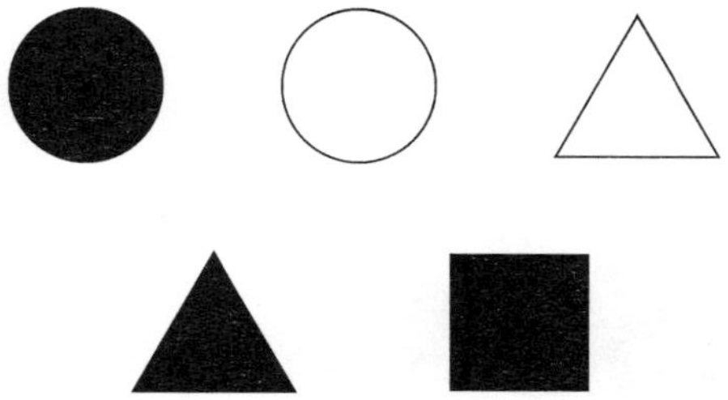

③

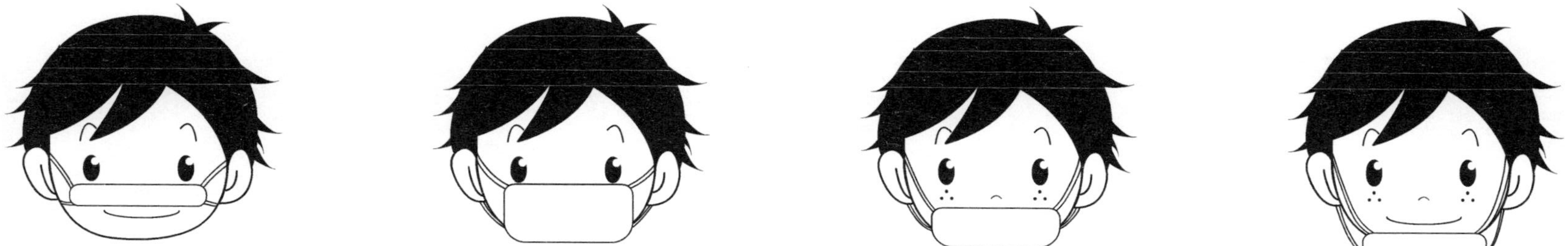

④

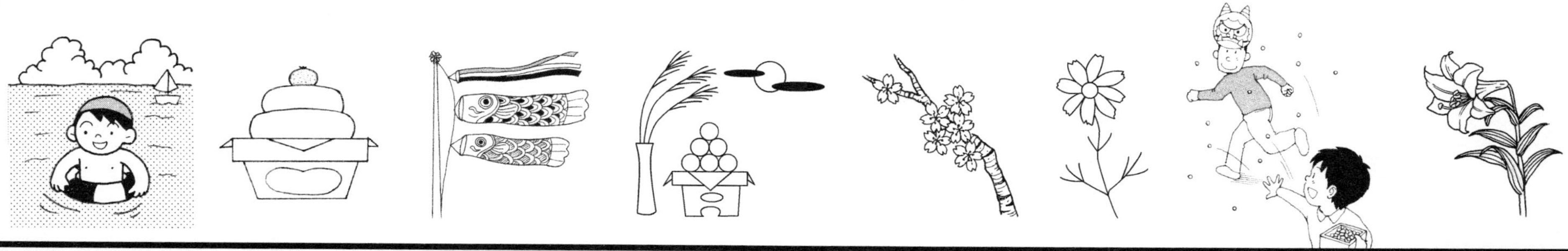

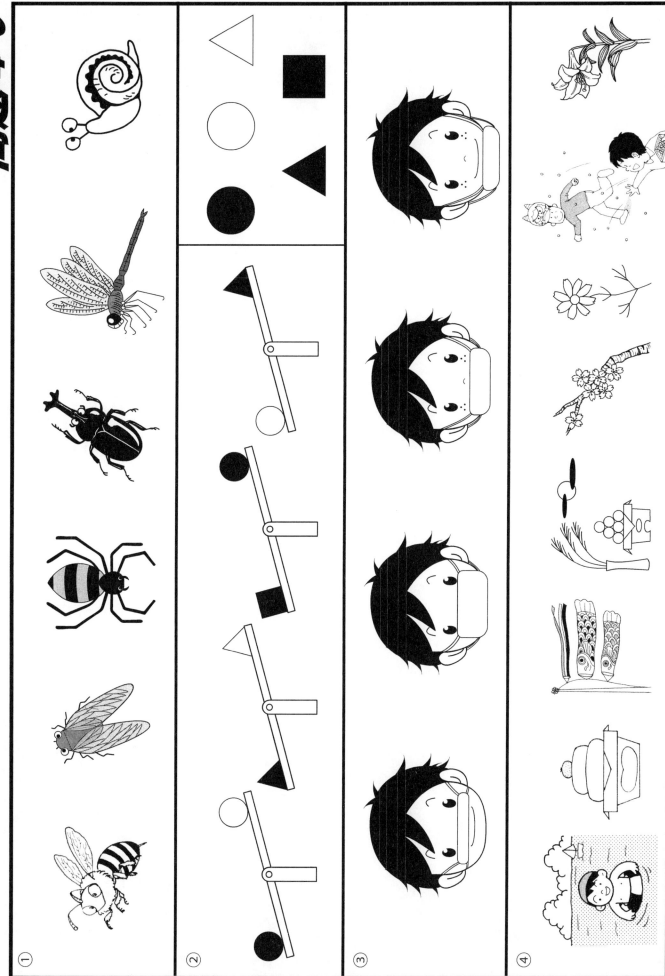

図書カード 1000 円分プレゼント

ご記入日　　年　　月　　日

☆国・私立小学校受験アンケート☆

※可能な範囲でご記入下さい。選択肢は〇で囲んで下さい。

〈小学校名〉＿＿＿＿＿＿＿＿＿＿　〈お子さまの性別〉男・女　〈誕生月〉＿＿月

〈その他の受験校〉（複数回答可）＿＿＿＿＿＿＿＿＿＿＿＿＿＿＿＿

〈受験日〉①：＿＿月＿＿日　〈時間〉＿＿時＿＿分　～　＿＿時＿＿分

②：＿＿月＿＿日　〈時間〉＿＿時＿＿分　～　＿＿時＿＿分

〈受験者数〉男女計＿＿名　（男子＿＿名　女子＿＿名）

〈お子さまの服装〉＿＿＿＿＿＿＿＿＿＿＿＿＿＿＿＿

〈入試全体の流れ〉（記入例）準備体操→行動観察→ペーパーテスト

＿＿＿＿＿＿＿＿＿＿＿＿＿＿＿＿＿＿＿＿＿＿＿＿

Eメールによる情報提供

日本学習図書では、Eメールでも入試情報を募集しております。

下記のアドレスに、アンケートの内容をご入力の上、メールをお送り下さい。

ojuken@nichigaku.jp

●行動観察　（例）好きなおもちゃで遊ぶ・グループで協力するゲームなど

〈実施日〉＿＿月＿＿日　〈時間〉＿＿時＿＿分　～　＿＿時＿＿分　〈着替え〉□有　□無

〈出題方法〉□肉声　□録音　□その他（　　　　　）　〈お手本〉□有　□無

〈試験形態〉□個別　□集団（　　人程度）

〈会場図〉

〈内容〉

□自由遊び

＿＿＿＿＿＿＿＿＿＿＿＿＿＿＿＿＿＿＿＿

□グループ活動

＿＿＿＿＿＿＿＿＿＿＿＿＿＿＿＿＿＿＿＿

□その他

＿＿＿＿＿＿＿＿＿＿＿＿＿＿＿＿＿＿＿＿

●運動テスト（有・無）　（例）跳び箱・チームでの競争など

〈実施日〉＿＿月＿＿日　〈時間〉＿＿時＿＿分　～　＿＿時＿＿分　〈着替え〉□有　□無

〈出題方法〉□肉声　□録音　□その他（　　　　　）　〈お手本〉□有　□無

〈試験形態〉□個別　□集団（　　人程度）

〈会場図〉

〈内容〉

□サーキット運動

□走り　□跳び箱　□平均台　□ゴム跳び

□マット運動　□ボール運動　□なわ跳び

□クマ歩き

□グループ活動＿＿＿＿＿＿＿＿＿＿＿＿＿＿＿＿

□その他＿＿＿＿＿＿＿＿＿＿＿＿＿＿＿＿＿＿

●知能テスト・口頭試問

〈実施日〉　　月　　日 〈時間〉　　時　　分 ～　　時　　分 〈お手本〉□有 □無

〈出題方法〉 □肉声 □録音 □その他（　　　　　　） 〈問題数〉 ＿＿枚 ＿＿問

分野	方法	内　　容	詳　細・イ　ラ　ス　ト
（例） お話の記憶	☑筆記 □口頭	動物たちが待ち合わせをする話	（あらすじ） 動物たちが待ち合わせをした。最初にウサギさんが来た。次にイヌくんが、その次にネコさんが来た。最後にタヌキくんが来た。 （問題・イラスト）  ３番目に来た動物は誰か
お話の記憶	□筆記 □口頭		（あらすじ） （問題・イラスト）
図形	□筆記 □口頭		
言語	□筆記 □口頭		
常識	□筆記 □口頭		
数量	□筆記 □口頭		
推理	□筆記 □口頭		
その他	□筆記 □口頭		

●制作　（例）ぬり絵・お絵かき・工作遊びなど

〈実施日〉＿＿月＿＿日〈時間〉＿＿時＿＿分 ～ ＿＿時＿＿分

〈出題方法〉□肉声 □録音 □その他（　　　　　）〈お手本〉□有 □無

〈試験形態〉□個別 □集団（　　　人程度）

材料・道具	制作内容
□ハサミ	□切る　□貼る　□塗る　□ちぎる　□結ぶ　□描く　□その他（　　　　　）
□のり（□つぼ □液体 □スティック）	タイトル：＿＿＿＿＿＿＿＿＿＿
□セロハンテープ	
□鉛筆 □クレヨン（　色）	
□クーピーペン（　色）	
□サインペン（　色）□	
□画用紙（□ A4 □ B4 □ A3 □その他：　　　　　）	
□折り紙 □新聞紙 □粘土	
□その他（　　　　　）	

●面接

〈実施日〉＿＿月＿＿日〈時間〉＿＿時＿＿分 ～ ＿＿時＿＿分〈面接担当者〉＿＿＿名

〈試験形態〉□志願者のみ（　　）名 □保護者のみ □親子同時 □親子別々

〈質問内容〉

※試験会場の様子をご記入下さい。

□志望動機　□お子さまの様子

□家庭の教育方針

□志望校についての知識・理解

□その他（　　　　　　　　）

（ 詳　細 ）

・

・

・

・

●保護者作文・アンケートの提出（有・無）

〈提出日〉□面接直前　□出願時　□志願者考査中　□その他（　　　　　　　　）

〈下書き〉□有　□無

〈アンケート内容〉

（記入例）当校を志望した理由はなんですか（150 字）

●**説明会**（□有　□無）〈開催日〉　　月　　日〈時間〉　　時　　分　～　　時　　分

〈上履き〉　□要　□不要　〈願書配布〉　□有　□無　〈校舎見学〉　□有　□無

〈ご感想〉

●**参加された学校行事**（複数回答可）

公開授業〈開催日〉　　月　　日〈時間〉　　時　　分　～　　時　　分

運動会など〈開催日〉　　月　　日〈時間〉　　時　　分　～　　時　　分

学習発表会・音楽会など〈開催日〉　　月　　日〈時間〉　　時　　分　～　　時　　分

〈ご感想〉

※是非参加したほうがよいと感じた行事について

●**受験を終えてのご感想、今後受験される方へのアドバイス**

※対策学習（重点的に学習しておいた方がよい分野）、当日準備しておいたほうがよい物など

＊＊＊＊＊＊＊＊＊＊＊＊＊　ご記入ありがとうございました　＊＊＊＊＊＊＊＊＊＊＊＊＊

必要事項をご記入の上、ポストにご投函ください。

なお、本アンケートの送付期限は入試終了後３ヶ月とさせていただきます。また、入試に関する情報の記入量が当社の基準に満たない場合、謝礼の送付ができないことがございます。あらかじめご了承ください。

ご住所：〒

お名前：　　　　メール：

ＴＥＬ：　　　　ＦＡＸ：

分野別 小学入試練習帳 ジュニアウォッチャー

1．点・線図形	小学校入試で出題頻度の高い『点・線図形』の模写を、難易度の低いものから段階別に幅広く練習することができるように構成。
2．座標	図形の位置模写という作業を、難易度の低いものから段階別に練習できるように構成。
3．パズル	様々なパズルの問題を難易度の低いものから段階別に練習できるように構成。
4．同図形探し	小学校入試で出題頻度の高い、同図形選びの問題を繰り返し練習できるように構成。
5．回転・展開	図形などを回転、または展開したとき、形がどのように変化するかを学習し、理解を深められるように構成。
6．系列	数、図形などの様々な系列問題を、難易度の低いものから段階別に練習できるように構成。
7．迷路	迷路の問題を繰り返し練習できるように構成。
8．対称	対称に関する問題を４つのテーマに分類し、各テーマごとに問題を段階別に練習できるように構成。
9．合成	図形の合成に関する問題を、難易度の低いものから段階別に練習できるように構成。
10．四方からの観察	もの（立体）を様々な角度から見て、どのように見えるかを推理する問題を段階別に整理し、１つの形式で複数の問題を練習できるように構成。
11．いろいろな仲間	ものや動物、植物の共通点を見つけ、分類していく問題を中心に構成。
12．日常生活	日常生活における様々な問題を６つのテーマに分類し、各テーマごとに一つの問題形式で複数の問題を練習できるように構成。
13．時間の流れ	『時間』に着目し、様々なものごとは、時間が経過するとどのように変化するのかということを学習し、理解できるように構成。
14．数える	様々なものを『数える』ことから、数の多少の判定やかけ算、わり算の基礎までを練習できるように構成。
15．比較	比較に関する問題を５つのテーマ（数、高さ、長さ、量、重さ）に分類し、各テーマごとに問題を段階別に練習できるように構成。
16．積み木	数える対象を積み木に限定した問題集。
17．言葉の音遊び	言葉の音に関する問題を５つのテーマに分類し、各テーマごとに問題を段階別に練習できるように構成。
18．いろいろな言葉	表現力をより豊かにするいろいろな言葉として、擬態語や擬声語、同音異義語、反意語、数詞を取り上げた問題集。
19．お話の記憶	お話を聴いてその内容を記憶、理解し、設問に答える形式の問題集。
20．見る記憶・聴く記憶	「見て憶える」「聴いて憶える」という『記憶』分野に特化した問題集。
21．お話作り	いくつかの絵を元にしてお話を作る練習をして、想像力を養うことができるように構成。
22．想像画	描かれてある形や景色に好きな絵を描くことにより、想像力を養うことができるように構成。
23．切る・貼る・塗る	小学校入試で出題頻度の高い、はさみやのりなどを用いた巧緻性の問題を繰り返し練習できるように構成。
24・絵画	小学校入試で出題頻度の高い、お絵かきやぬり絵などクレヨンやクーピーペンを用いた巧緻性の問題を繰り返し練習できるように構成。
25．生活巧緻性	小学校入試で出題頻度の高い日常生活の様々な場面における巧緻性の問題集。
26．文字・数字	ひらがなの清音、濁音、拗音、拗長音、促音と１～20までの数字に焦点を絞り、練習できるように構成。
27．理科	小学校入試で出題頻度が高くなりつつある理科の問題を集めた問題集。
28．運動	出題頻度の高い運動問題を種目別に分けて構成。
29．行動観察	項目ごとに問題提起をし、「このような時はどうか、あるいはどう対処するのか」の観点から問いかける形式の問題集。
30．生活習慣	学校から家庭に提起された問題と思って、一問一問絵を見ながら話し合い、考える形式の問題集。

31．推理思考	数、量、言語、常識（含理科、一般）など、諸々のジャンルから問題を構成し、近年の小学校入試問題傾向に沿って構成。
32．ブラックボックス	箱や筒の中を通ると、どのようなお約束でどのように変化するかを推理・思考する問題集。
33．シーソー	重さの違うものをシーソーに乗せた時どちらに傾くのか、またどうすればシーソーは釣り合うのかを思考する基礎的な問題集。
34．季節	様々な行事や植物などを季節別に分類できるように知識をつける問題集。
35．重ね図形	小学校入試で頻繁に出題されている「図形を重ね合わせてできる形」についての問題を集めました。
36．同数発見	様々な物を数え「同じ数」を発見し、数の多少の判断や数の認識の基礎を学べるように構成した問題集。
37．選んで数える	数の学習の基本となる、いろいろなものの数を正しく数える学習を行う問題集。
38．たし算・ひき算１	数字を使わず、たし算とひき算の基礎を身につけるための問題集。
39．たし算・ひき算２	数字を使わず、たし算とひき算の基礎を身につけるための問題集。
40．数を分ける	数を等しく分ける問題です。等しく分けたときに余りが出るものもあります。
41．数の構成	ある数がどのような数で構成されているか学んでいきます。
42．一対多の対応	一対一の対応から、一対多の対応まで、かけ算の考え方の基礎学習を行います。
43．数のやりとり	あげたり、もらったり、数の変化をしっかりと学びます。
44．見えない数	指定された条件から数を導き出します。
45．図形分割	図形の分割に関する問題集。パズルや合成の分野にも通じる様々な問題を集めました。
46．回転図形	「回転図形」に関する問題集。やさしい問題から始め、いくつかの代表的なパターンから、段階を踏んで学習できるよう編集されています。
47．座標の移動	「マス目の指示通りに移動する問題」と「指示された数だけ移動する問題」を収録。
48．鏡図形	鏡で左右反転させた時の見え方を考えます。平面図形から立体図形、文字、絵まで。
49．しりとり	すべての学習の基礎となる「言葉」を学ぶこと、特に「語彙」を増やすことに重点をおき、さまざまなタイプの「しりとり」問題を集めました。
50．観覧車	観覧車やメリーゴーラウンドなどを舞台にした「回転系列」の問題集。「推理思考」分野の問題ですが、要素として「図形」や「数量」も含みます。
51．運筆①	鉛筆の持ち方を学び、点線なぞり、お手本を見ながらの模写で、線を引く練習をします。
52．運筆②	運筆①からさらに発展し、「欠所補完」や「迷路」などを楽しみながら、より複雑な鉛筆運びを習得することを目指します。
53．四方からの観察 積み木編	積み木を使用した「四方からの観察」に関する問題を練習できるように構成。
54．図形の構成	見本の図形がどのような部分によって形づくられているかを考えます。
55．理科②	理科的知識に関する問題を集中して練習する「常識」分野の問題集。
56．マナーとルール	道路や駅、公共の場でのマナー、安全や衛生に関する常識を学べるように構成。
57．置き換え	さまざまな具体的・抽象的事象を記号で表す「置き換え」の問題を扱います。
58．比較②	長さ・高さ・体積・数などを数学的な知識を使わず、論理的に推測する「比較」の問題を練習できるように構成。
59．欠所補完	線と線のつながり、欠けた絵に当てはまるものなどを求める「欠所補完」に取り組める問題集です。
60．言葉の音（おん）	しりとり、決まった順番の音をつなげるなど、「言葉の音」に関する問題に取り組める練習問題集です。

◆◆ニチガクのおすすめ問題集◆◆

より充実した家庭学習を目指し、ニチガクではさまざまな問題集をとりそろえております!!

ジュニアウォッチャー（既刊 60 巻）

①～60（以下続刊）
本体各￥1,500 ＋税

入試出題頻度の高い９分野を、さらに 60 の項目に細分化した問題集が出来ました。
苦手分野におけるつまずきを効率よく克服するための 60 冊となっており、小学校受験における基礎学習にぴったりの問題集です。ポイントが絞られているため、無駄なく学習を進められる、まさに小学校受験問題集の入門編です。

国立・私立 NEW ウォッチャーズ

言語 / 理科 / 図形 / 記憶
常識 / 数量 / 推理
各２巻・全 14 巻
本体各￥2,000 ＋税

シリーズ累計発行部数 40 万部以上を誇る大ベストセラー「ウォッチャーズシリーズ」の趣旨を引き継ぐ新シリーズができました！
こちらは国立・私立それぞれの出題傾向に合わせた分野別問題集です。全問「解答のポイント」「ミシン目」付き、切り離し可能なプリント学習タイプで家庭学習におすすめです！

まいにちウォッチャーズ（全 16 巻）

導入編 / 練習編
実践編 / 応用編　各４巻
本体各￥2,000 ＋税

シリーズ累計発行部数 40 万部以上を誇る大ベストセラー「ウォッチャーズシリーズ」の趣旨を引き継ぐ新シリーズができました！
こちらは、お子さまの学習進度に合わせ、全分野を網羅できる総合問題集です。全問「解答のポイント」「ミシン目」付き、切り離し可能なプリント学習タイプで家庭学習におすすめです！

実践 ゆびさきトレーニング①・②・③

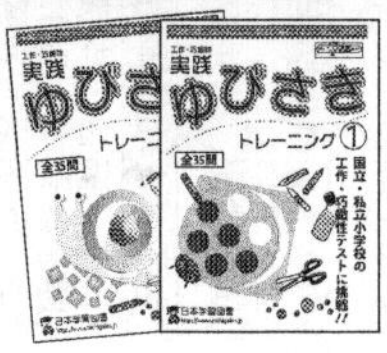

①・②・③　全３巻
本体　各￥2,500 ＋税

制作問題に特化した問題集ができました。
有名校が実際に出題した問題を分析し、類題を各 35 問ずつ掲載しています。様々な道具の扱い方（はさみ・のり・セロハンテープの使い方）から、手先・指先の訓練（ちぎる・貼る・塗る・切る・結ぶ）、表現することの楽しさも学習することができる問題集です。

お話の記憶問題集

初級編
本体￥2,600 ＋税
中級編 / 上級編
本体各￥2,000 ＋税

「お話の記憶」分野の問題集ができました。
あらゆる学習に不可欠な、語彙力・集中力・記憶力・理解力・想像力を養うと言われているのが「お話の記憶」という分野です。難易度別に収録されていますので、まずは初級編、慣れてきたら中級編・上級編と学習を進められます。

分野別 苦手克服シリーズ（全６巻）

図形 / 数量 / 言語
常識 / 記憶 / 推理
本体各￥2,000 ＋税

お子さまの苦手を克服する問題集ができました。
アンケートに基づき、多くのお子さまが苦手とする数量・図形・言語・常識・記憶の６分野を、それぞれ問題集にまとめました。全問アドバイス付きですので、ご家庭において、そのつまづきを解消するためのプロセスも理解できます。

運動テスト・ノンペーパーテスト問題集

新 運動テスト問題集
本体￥2,200 ＋税

新 ノンペーパーテスト問題集
本体￥2,600 ＋税

ノンペーパーテストは国立・私立小学校で幅広く出題される、筆記用具を使用しない分野の問題を全 40 問掲載しています。
運動テスト問題集は運動分野に特化した問題集です。指示の理解や、ルールを守る訓練など、ポイントを押さえた学習に最適。全 35 問掲載。

口頭試問・面接テスト問題集

新 口頭試問・個別テスト問題集
本体￥2,500 ＋税

面接テスト問題集
本体￥2,000 ＋税

口頭試問は主に個別テストとして口頭で出題解答を行うテスト形式、面接は主に「考え」やふだんの「あり方」をたずねられるものです。
口頭で答える点は同じですが、内容は大きく異なります。想定する質問内容や答え方の幅を広げるために、どちらも手にとっていただきたい問題集です。

小学校受験 厳選難問集 ①・②

①・②・③　全３巻
本体各￥2,600 ＋税

実際に出題された入試問題の中から、難易度の高い問題をピックアップし、アレンジした問題集です。応用問題への挑戦は、基礎の理解度を測るだけでなく、お子さまの達成感・知的好奇心を触発します。
①は数量・図形・推理・言語、②は位置・常識・比較・記憶分野を掲載しています。各 40 問。

国立小学校　入試問題総集編

A・B・C（全３巻）
本体各￥3,282 ＋税

国立小学校頻出の問題を厳選して収録した問題集です。細かな指導方法やアドバイスが掲載してあり、効率的な学習が進められます。
難易度別の収録となっており、お子さまの学習進度に合わせて利用できます。付録のレーダーチャートにより得意・不得意を認識でき、国立小学校受験対策に最適な総合問題集です。

おうちでチャレンジ ①・②

①・②　全２巻
本体　各￥1,800 ＋税

関西最大級の模擬試験『小学校受験標準テスト』ペーパー問題を編集した、実力養成に最適な問題集です。延べ受験者数 10,000 人以上のデータを分析し、お子さまの習熟度・到達度を一目で判別できるようになっています。
保護者必読の特別アドバイス収録！学習習熟度を測るためにも、定期的に活用したい一冊です。

Q & A シリーズ

『小学校受験で知っておくべき 125 のこと』
『新 小学校受験の入試面接Q & A』
『新 小学校受験 願書・アンケート文例集 500』

本体各￥2,600 ＋税

「知りたい！」「聞きたい！」
「こんな時どうすれば…？」
そんな疑問や悩みにお答えする、当社で人気の保護者向け書籍です。受験を考え始めた保護者の方や、実際に入試の出願・面接などを控えている直前の保護者の方など、さまざまな場面で参考にしていただける書籍となっています。

書籍についてのご注文・お問い合わせ
☎ 03-5261-8951

http://www.nichigaku.jp
※ご注文方法、書籍についての詳細は、Web サイトをご覧ください。

日本学習図書　検索

暁星小学校　専用注文書

年　　月　　日

合格のための問題集ベスト・セレクション

＊入試頻出分野ベスト３

1st お話の記憶
集中力　聞く力

2nd 図　形
観察力　思考力

3rd 推　理
聞く力　話す力　創造力

数年前よりはやさしくなったとは言え、有数の難しさを誇るペーパーテストが行われています。出題分野だけでなく、そのほかの分野も学習して応用力と解答の精度を上げていきましょう。

分野	書　名	価格(税込)	注文	分野	書　名	価格(税込)	注文
図形	Ｊｒ・ウォッチャー５「回転・展開」	1,650円	冊	数量	Ｊｒ・ウォッチャー38「たし算・ひき算１」	1,650円	冊
図形	Ｊｒ・ウォッチャー６「系列」	1,650円	冊	数量	Ｊｒ・ウォッチャー39「たし算・ひき算２」	1,650円	冊
数量	Ｊｒ・ウォッチャー16「積み木」	1,650円	冊	数量	Ｊｒ・ウォッチャー40「数を分ける」	1,650円	冊
言語	Ｊｒ・ウォッチャー17「言葉の音遊び」	1,650円	冊	数量	Ｊｒ・ウォッチャー41「数の構成」	1,650円	冊
記憶	Ｊｒ・ウォッチャー19「お話の記憶」	1,650円	冊	数量	Ｊｒ・ウォッチャー42「一対多の対応」	1,650円	冊
記憶	Ｊｒ・ウォッチャー20「見る記憶・聴く記憶」	1,650円	冊	数量	Ｊｒ・ウォッチャー43「数のやりとり」	1,650円	冊
巧緻性	Ｊｒ・ウォッチャー23「切る・貼る・塗る」	1,650円	冊	図形	Ｊｒ・ウォッチャー46「回転図形」	1,650円	冊
巧緻性	Ｊｒ・ウォッチャー25「生活巧緻性」	1,650円	冊	言語	Ｊｒ・ウォッチャー49「しりとり」	1,650円	冊
常識	Ｊｒ・ウォッチャー27「理科」	1,650円	冊	常識	Ｊｒ・ウォッチャー55「理科②」	1,650円	冊
運動	Ｊｒ・ウォッチャー28「運動」	1,650円	冊	常識	Ｊｒ・ウォッチャー56「マナーとルール」	1,650円	冊
常識	Ｊｒ・ウォッチャー34「季節」	1,650円	冊	言語	Ｊｒ・ウォッチャー60「言葉の音（おん）」	1,650円	冊
図形	Ｊｒ・ウォッチャー35「重ね図形」	1,650円	冊		実践 ゆびさきトレーニング①②③	2,750円	冊
数量	Ｊｒ・ウォッチャー36「同数発見」	1,650円	冊		面接テスト問題集	2,200円	冊
数量	Ｊｒ・ウォッチャー37「選んで数える」	1,650円	冊		１話５分の読み聞かせお話集①②	1,980円	冊

合計	冊	円

（フリガナ） 氏　名	電　話 ＦＡＸ E-mail
住 所　〒　　　　－	以前にご注文されたことはございますか。 有　・　無

★お近くの書店、または記載の電話・FAX・ホームページにてご注文をお受けしております。
電話：03-5261-8951　FAX：03-5261-8953　代金は書籍合計金額＋送料がかかります。
※なお、落丁・乱丁以外の理由による商品の返品・交換には応じかねます。
★ご記入頂いた個人に関する情報は、当社にて厳重に管理致します。なお、ご購入の商品発送の他に、当社発行の書籍案内、書籍に関する調査に使用させて頂く場合がございますので、予めご了承ください。

日本学習図書株式会社
https://www.nichigaku.jp